¡ARRIÉSGATE!

¡ARRIÉSGATE!

PREGUNTAS QUE CAMBIARÁN TU VIDA

Transfórmate en quien siempre has querido

MARIO BORGHINO

Grijalbo

¡Arriésgate!
Preguntas que cambiarán tu vida

Primera edición: diciembre, 2019

Penguin Random House Grupo Editorial, S. A. de C. V.
Blvd. Miguel de Cervantes Saavedra núm. 301, 1er piso,
colonia Granada, alcaldía Miguel Hidalgo, C. P. 11520,
Ciudad de México

www.megustaleer.mx

ISBN: 978-607-318-557-8

Impreso en México – *Printed in Mexico*

El papel utilizado para la impresión de este libro ha sido fabricado a partir de madera procedente de bosques y plantaciones gestionadas con los más altos estándares ambientales, garantizando una explotación de los recursos sostenible con el medio ambiente y beneficiosa para las personas.

Penguin
Random House
Grupo Editorial

ÍNDICE

ACCESO A CONTENIDOS ADICIONALES DEL LIBRO

Durante la lectura del libro podrás acceder a información adicional del tema que estás leyendo, entrando a nuestro sitio https://borghino.mx/arriesgate.

Ahí encontrarás varios anexos que el libro te ofrece para que complementes tu lectura. Con ellos podrás ampliar la información y pondrás en práctica los ejercicios del libro.

Si deseas información adicional escríbenos a mario@borghino.com.mx.

Si el libro ha tenido un impacto positivo en ti o te ayudó en tu vida, agradeceríamos tu comentario en nuestro Twitter: @borghinomario, también en Instagram: Mario_Borghino, #Arriésgate.

Las respuestas que buscas siempre
te llevan a tu interior, porque ahí
es donde nacen todas las preguntas.

Sócrates

INTRODUCCIÓN

Decidí escribir este libro en agradecimiento al más de un millón de lectores de mis 10 libros, con quienes me siento en deuda. Quiero regresar algo de tanto que me han entregado al confiar en mis reflexiones. Esta obra tiene el propósito de aportar algo a la vida de muchos lectores.

En el transcurso de mis 39 años como consultor he observado repetidamente que la mayoría de las personas ha tomado un camino que no le está ayudando a vivir en paz ni a construir sus proyectos de vida.

El estrés y la incertidumbre con que vivimos se ha tornado en una epidemia colectiva que ha afectado profundamente nuestra calidad de vida. En consecuencia, la depresión y la angustia se han convertido en la enfermedad de mayor crecimiento en la sociedad. Nos hemos acostumbrado a vivir con ese sufrimiento y a identificarnos con el mundo exterior, como si éste fuera la tabla de salvación para sobrevivir.

Nos identificamos con lo que poseemos, pero las cosas materiales son temporales, por lo tanto es inevitable tener que sufrir una constante inconformidad. No es casualidad que el Prozac y los antidepresivos sean los medicamentos más recetados en todo el mundo. Cada día más personas toman conciencia de que no van por un buen camino para vivir en paz, pero no saben cómo hallarlo.

Lo sorprendente es que en la actualidad somos los únicos en el planeta que estamos viviendo con un gran bienestar por el avance de la ciencia y tecnología. Pero a pesar de ello no hemos logrado vivir en plenitud, ni siquiera somos de las generaciones más felices. Los miles de parques y lugares de esparcimiento de los que disponemos no han sido suficientes. Nos llenamos de cosas materiales, pero nos sentimos vacíos. Somos millones de seres viviendo en soledad.

Creo que finalmente llegó el momento de cambiar la brújula y dejar de construirnos a partir del mundo que vemos, para constituirnos a partir de aquel que no vemos.

Ésta es una de las razones por las que decidí escribir este libro, pues transité por ese camino. Yo viví mi juventud evitando el sufrimiento, omitiendo errores para que mis decisiones funcionaran sin contratiempos.

Pasé casi la mitad de mi temprana edad cuidando no equivocarme y procurando actuar con disciplina. Con esta actitud disminuía mis riesgos, pero en el fondo sentía que mi vida no avanzaba como quería. Hasta que un día asistí en Orlando, Florida, a un taller de autodescubrimiento por dos semanas. Ahí bombardearon mi mente con múltiples preguntas que me hicieron tomar conciencia de que las cosas a las que más temía eran imaginarias. La visión de los posibles problemas estaba en mi mente y la amenaza del riesgo estaba en mi interpretación de la realidad. Significó que mientras pensaba en lo que nunca me pasó, encontré lo que nunca esperé. Ése fue un despertar con el que transformé mi vida para siempre.

A partir de ese momento comencé a asumir riesgos, que nunca me hubiese imaginado tomar. Comencé a creer más en mis acciones que en las circunstancias. Pasé de la preocupación a los hechos. Me di cuenta de que no hay juventud sin aventura, ni hay vida sin riesgos.

Confirmé que las técnicas de preguntas son el más poderoso instrumento de cambio personal porque te instalan en tu mundo interior. Comprendí que lo que sucede en nuestra mente muchas veces distorsiona la imagen de quién eres y te hace vivir una vida que no quieres. Tu mente plantea un camino, pero tus resultados parecen transitar por otro. Esto sucede porque nuestra mente es dualista, vive en el pasado y en el futuro, y pretender gobernar tu presente con esa dualidad hace muy compleja la vida.

De eso se trata este libro. Contiene muchos temas de reflexión para que mires dentro de ti, te descubras, vivas en paz y asumas mayores riesgos. De lo contrario serás rehén de tu pasado.

MÉTODO

PREGUNTAS PARA EL CEREBRO INTEGRAL

En este libro les harás preguntas a cuatro áreas que tiene tu cerebro, a través de las cuales procesa toda la información que recibe del mundo exterior por medio de tus cinco sentidos. Al final de cada capítulo podrás reflexionar de manera integral y provocar el cambio que quieres de tu forma de pensar ante el riesgo. Tu mente es muy sofisticada como para pretender cambiarla sólo leyendo, necesitamos hacerla trabajar en sus cuatro áreas, para que descubra el cambio que quieres. De esa manera comenzarás a asumir más riesgos en tu vida.

Las preguntas están diseñadas intencionalmente con el propósito de que descubras el nivel de valentía con que asumes hoy los riesgos para tu proyecto de vida, porque no importa qué haces, sino cómo piensas cuando lo haces.

Las preguntas de reflexión que te harás las he titulado "Pregúntale a tu mente".

1) Preguntas para el *lóbulo frontal izquierdo* (tu mente racional).
2) Preguntas para el *lóbulo frontal derecho* (tu mente creativa).
3) Preguntas para los sentimientos de la *amígdala* (tus emociones).
4) Preguntas a tu cerebro protector: *reptiliano* (tu seguridad).

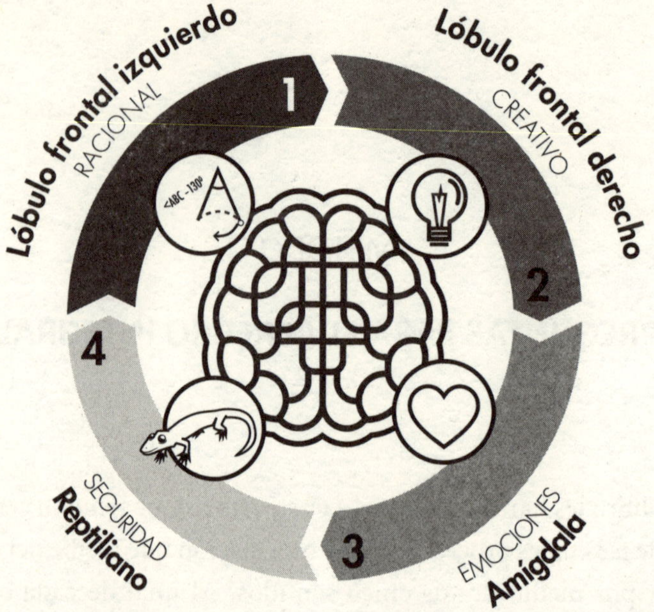

Estas preguntas pretenden que tu mente vea las respuestas como un todo.

Si deseas cambiar lo que sucede en tu vida debes comenzar por arreglar primero tu casa, ya que si vives en una confusión interna, es probable que no estés muy contento con la vida que llevas.

Por ello te invitaré a trabajar primero en tu conciencia mental (cómo piensas), para después enfocarnos en tu conciencia física (cómo actúas), y que sean iguales. De lo contrario, estarás pensando de una forma y actuando de otra.

En los capítulos de la "Etapa del ser" leerás temas relacionados con tu conciencia personal, es decir con tu ser, y en los de la "Etapa del hacer" verás temas vinculados con tu conciencia interpersonal, es decir con tu hacer.

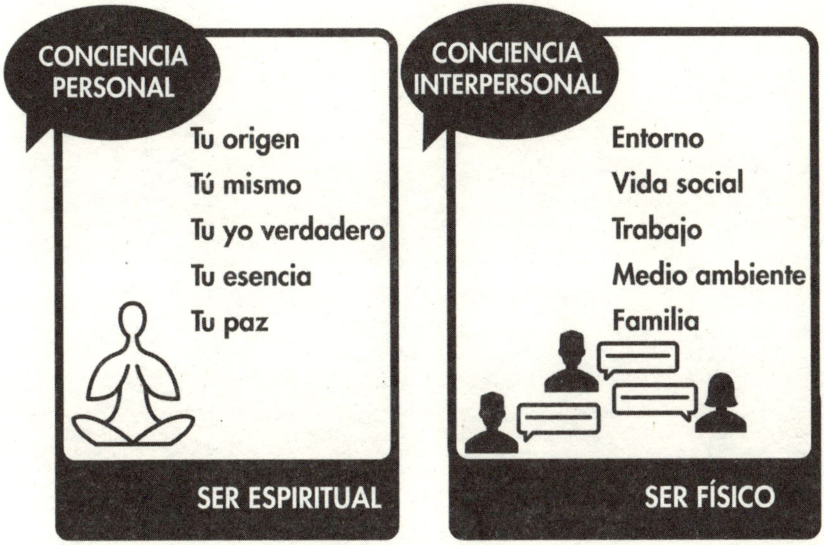
CONCIENCIA PERSONAL
Tu origen
Tú mismo
Tu yo verdadero
Tu esencia
Tu paz
SER ESPIRITUAL
CONCIENCIA INTERPERSONAL
Entorno
Vida social
Trabajo
Medio ambiente
Familia
SER FÍSICO

ETAPA DEL SER

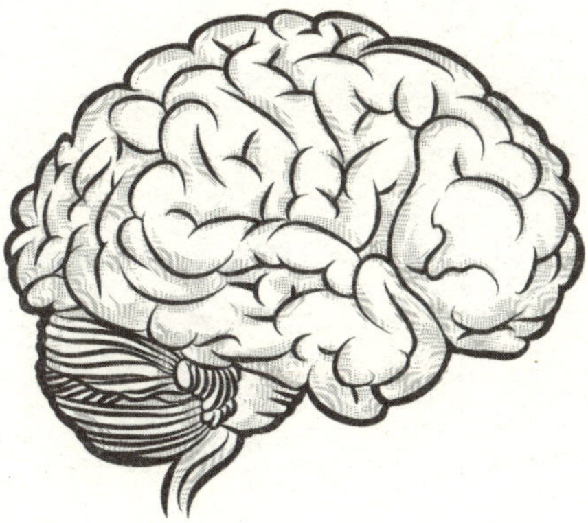

CAPÍTULO 1

ERES LO QUE PIENSAS

Vive consciente y alerta

El primer consejo que te doy es que vivas consciente y aprendas a entender cómo piensa tu mente, ya que 90% de lo que haces surge de cómo piensas. Por lo tanto, tu vida transcurre a través de tu cabeza. Así pues, puedes concluir que vives lo que piensas. Abre tu mente durante todo el libro para que identifiques qué tipo de pensamientos te gobiernan, porque ellos te determinan. Es decir, si no te gusta cómo vives necesitas estar más consciente de cómo piensa tu mente para encontrar los obstáculos que tú mismo estás poniendo en tu camino. *Eres el artista de tu vida, pero no dejes que las circunstancias tomen el pincel.*

Tú eres el Miguel Ángel de tu vida, pero debes estar alerta acerca de qué tipo de *David* estás creando. Es importante que tomes conciencia de en quién te estás transformando y hacia dónde diriges tu vida. Es fundamental que estés alerta, ya que con tus pensamientos construyes una vida de éxito o un enorme fracaso. Si vives alerta de cómo funciona tu mente estarás consciente de los pensamientos que atraes a tu vida. Recuerda: ¡eres lo que piensas!

Conecta tu vida exterior con tu mundo interior

Para actuar conscientemente en aquello que quieres, tendrás que modificar ciertas conductas que hoy no te dejan vivir con plenitud, ya que la mayoría de las personas viven influidas por lo que aprendieron de jóvenes y el resto de sus días ha sido una repetición de una película, que recapitula eventos dolorosos.

Lo anterior significa que tu presente puede ser rehén de tu pasado.

Para cambiar tu vida primero debes saber quién la maneja, tú o tu mente. Si tú no controlas a la mente, ella gobernará tus decisiones todas las mañanas y vivirás la vida que no quieres. La mente está llena de cicatrices históricas, que se originaron cuando eras niño, y eso te hace creer que las experiencias vividas, que te marcaron, serán parte de ti. Si te dejas influir siempre por tu mente, ésta será tu peor enemigo, no sólo porque ella conoce todas tus debilidades sino porque es quien te las crea. El recuerdo de un miedo del pasado puede hacer que la cobardía vuelva cada mañana.

Necesitas aprender a observarte. Tú eres el ser que nació un día, pero en tu mente viven las viejas grabaciones que tuviste en casa, en la escuela, en la colonia donde te criaste, de las malas experiencias o los miedos y sufrimientos. Si tu cabeza está confundida y vives de un lado para otro sin saber lo que quieres, entonces tu mente llena de viejas historias estará peleando contigo todo el tiempo. Es como si tuvieras en la cabeza dos personajes que se contraponen: uno eres tú y el otro tu mente. Tú eres como *El pensador* de Rodin, buscando el sentido de tu vida, y el otro tu mente, que almacena todas tus historias.

Tú quieres una cosa pero tu mente, que tiene esos eventos grabados, te dice: "¡No lo hagas, ve a lo seguro, no arriesgues, ve lo que le sucedió a tu papá o a tu abuelo, espera un poco más!". Si tú y tu mente continúan en esa pelea, tienes que poner más atención en ti, en tu inteligencia, en tu poder interior, y entonces estarás más cerca de tu transformación total.

Como dijo John Lennon: "Vivimos distraídos haciendo cosas, mientras la vida pasa sin darnos cuenta". Si dejas de estar distraído por creer sólo en lo que ves o en lo que te tocó vivir, podrás acercarte más a ti, a tu origen, porque vivir con temores merma las oportunidades que te presenta hoy tu vida.

Cuando vives en plenitud es porque construyes tu vida desde tu inteligencia natural, pero para ello necesitas aprender a alejarte de tus viejas creencias. Si miras objetivamente el mundo exterior, ahí no hay más que carros, casas, empleos, negocios, recursos necesarios para tu existencia, pero tu vida eres tú, está dentro de ti y debes hacer que ella gobierne tus conductas de una vez por todas.

Dice un proverbio hindú: "Una vasija existe no sólo por el barro que la conforma, sino por el espacio que tiene dentro, que es invisible". Ese espacio invisible existe en todos los humanos, es nuestro mundo interior, ahí estás tú, es tu ser. El entorno está representado por el barro. Excelente imagen.

Si te descubres dentro de la vasija como en el proverbio hindú, serás el ser más feliz de esta tierra. El problema es que la mayoría de la gente no trabaja en sí misma porque es invisible y difícil de moldear.

Si te identificas sólo con aquello que ves fuera de ti, entonces el televisor te mirará, el auto te conducirá, la casa te vivirá, el trabajo te hará trabajar y las emociones te harán dudar. Necesitas trabajar en ti para que sepas cómo se maneja una vida y dónde está el volante para dirigirla. Espero sinceramente que lo descubras en este libro.

En la figura 1 te describiré lo que acabo de decir. A pesar de que todo actúa como una unidad en conjunto, te lo explicaré segmentado para que lo comprendas mejor.

En el lado izquierdo de la figura está **tu ser**; en seguida está **tu pasado**, que tiene tus historias grabadas en tu mente, y al final están **tus acciones** diarias. Así es como vives hoy.

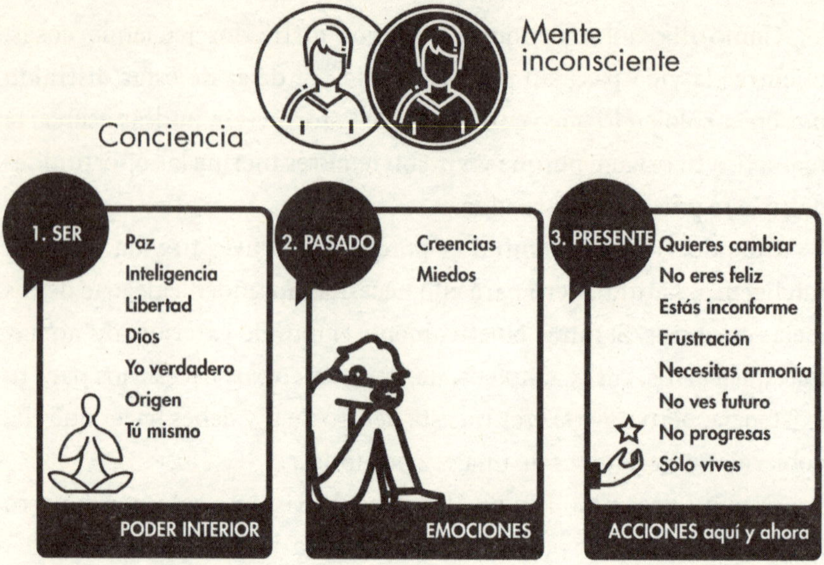

Figura 1. *El lado oscuro de la vida.*

1) Tu ser. Eres tú tal cual como naciste. Con todas tu capacidades y talentos ilimitados. Ahí es donde habita tu vida natural y el poder que te da la energía de tu ser interior. Así naciste, con todo el recurso para realizar lo que desees y anheles para ti porque eres origen.

2) Tu pasado. Él vive en tu mente. En esta segunda parte están grabadas todas las experiencias de tu vida junto con las emociones que se registraron en tu mente. Esta parte guarda todo tu historial y tu pasado como persona y te dice que ése eres tú aunque no sea cierto, porque sólo son tus experiencias, pues al estar integradas en tu mente te hacen creer que ése eres tú, pero si lo ves detenidamente en la figura, tú estás en el recuadro 1, donde está tu ser. Lo que está en los recuadros 2 y 3 fue formando a la persona que eres hoy. Es como si a una pared (en este caso tu ser) le vas poniendo encima yeso y luego pintura y así la vas cubriendo con los años, pintura sobre pintura, yeso sobre yeso. Al final ¿dónde quedaste tú?

3) Tu presente. Ahí se encuentra tu vida en la actualidad. Ahí es donde vives. Ése es el presente con el que cuentas para vivir tu vida.

El problema radica en que estás siendo contaminado por tus experiencias pasadas de la etapa 2. Se acumularon tantas emociones, miedos y vivencias que construyeron una imagen de ti que hoy te contamina. No te deja vivir como quieres: un día te levantas queriendo ser y otro día tu historia toma el control y te sientes distinto y al otro día las cosas cotidianas te bombardean a través del *marketing*. La complejidad es enorme y se acumulan muchas experiencias que no te dejan ser tú mismo.

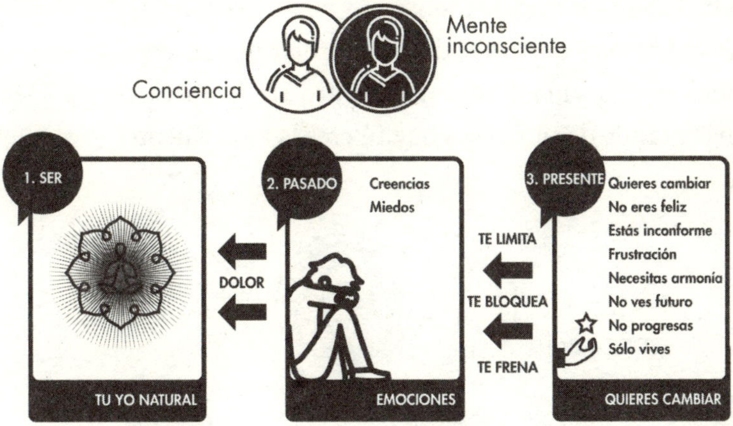

Figura 2. *Sufrimos por vivir desde afuera hacia adentro.*

El ser humano trata de resolver los problemas de su vida luchando contra sus miedos y forma de pensar que surgieron de eventos pasados. Vive abrazado a las cosas que usa como si fueran la descripción de quien es. En la figura 2 pongo las flechas del dolor porque creemos que lo que nos pasa hoy es culpa nuestra. Y no es así, no te confundas, no muerdas el anzuelo. El dolor surge de las creencias negativas arraigadas de tu historia y del medio en que te desenvuelves. Pero necesitas vivir tal como eres.

Necesitas leer y estudiar detenidamente cada capítulo del libro para que eso suceda. Finalmente, si incorporas el contenido de este libro tú y lo que haces será lo mismo y asumirás más riesgos en tu vida (ve la figura 3).

En la figura 3 intento comunicarte que si trabajas con toda la información que te daré a través de los 16 capítulos de este libro, aprenderás a vivir más tiempo contigo mismo.

No quiero que te confundas con el ambiente de la vida. El ambiente es tu familia, tu hogar, tu trabajo, tus amigos, tus experiencias. Lo único que tú posees perfecto es tu vida, el resto son eventos que se te han ido marcando. Tú eres la vida y eres lo más importante que existe para ti. Tú eres la base de todo.

El objetivo es que no te dejes controlar por las emociones y comprendas que la vida transcurre dentro de ti, fuera tienes eventos. Lo más grande de tu vida es que tú eres la vida y dentro vive tu creación.

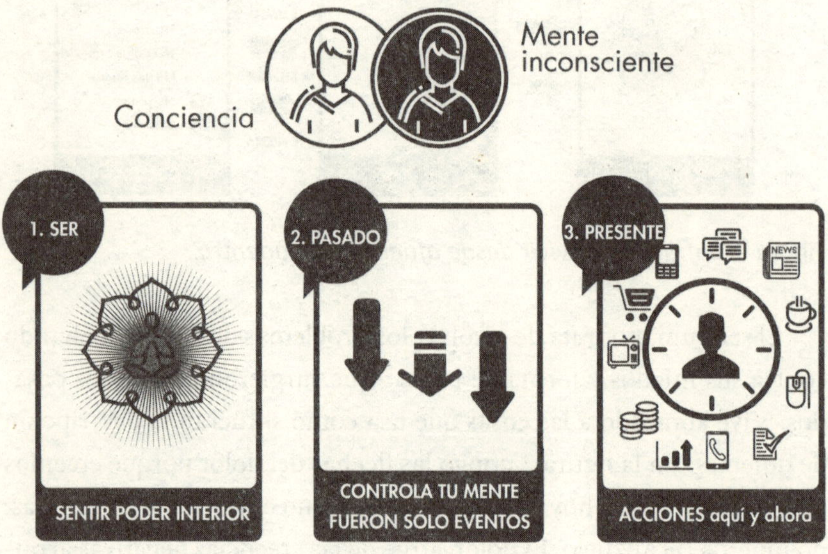

Figura 3. *Disminuye tus creencias.*

Finalmente, si logras reducir las emociones producidas por tus creencias del pasado podrás vivir libre. No será tarea fácil, porque vivimos con un desconocimiento enorme de quienes somos. Pero si lo logras, tú y tus acciones serán lo mismo. A eso se le llama conciencia, otros le llaman descubrimiento, iluminación, libertad, estar en paz o renacer.

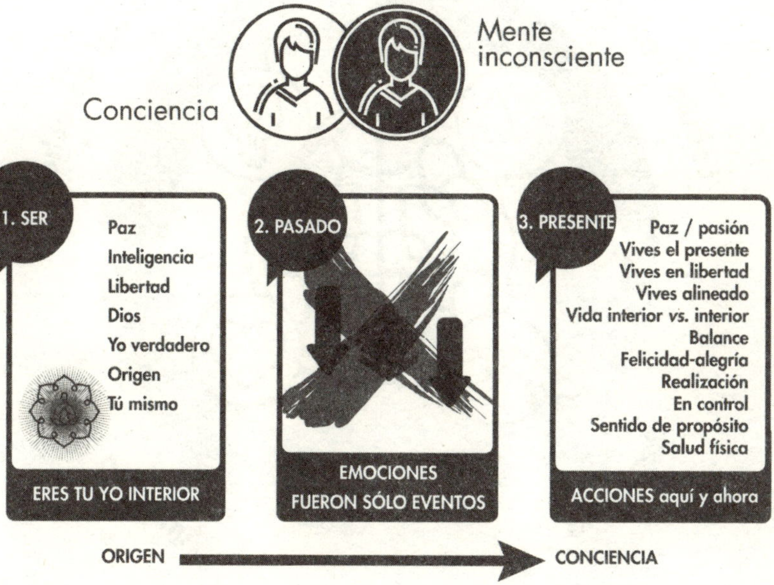

Figura 4. *Vive conscientemente. Controlas tu mente.*

Las personas que viven de esta manera, como se observa en la figura 4, tienen menos conflictos, porque ellas y lo que hacen están en armonía, son personas más felices.

Las personas que viven de esta manera ven la vida con la convicción de que sus acciones están gobernadas por sí mismas. Tu mente será entonces un reflejo exacto de ti. *Amarás a tu vida porque es el único regalo que no recibirás dos veces. ¡Recuerda esto muy bien!*

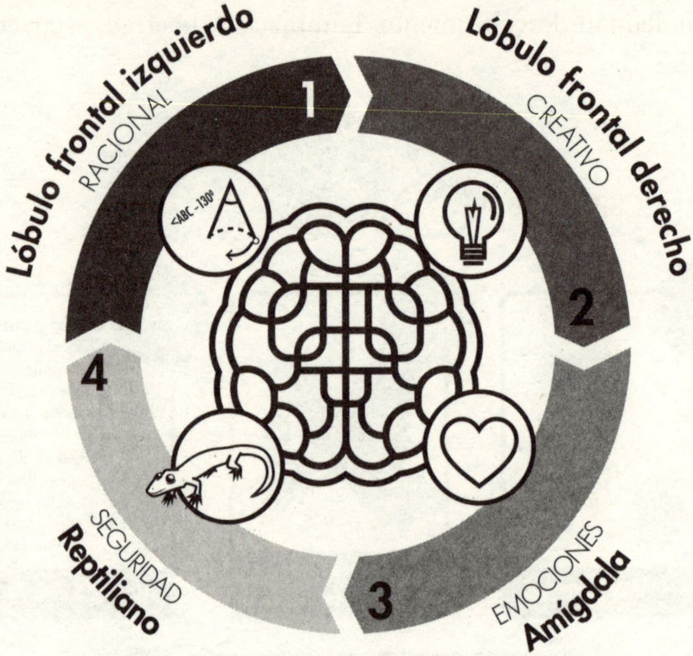

PREGÚNTALE A TU MENTE 1:

¿Qué beneficios tendrá para ti vivir conscientemente?
¿Cómo defines tu ser? ¿Con qué talentos cuentas?

¿Qué cambiaría en ti si vivieras sabiendo quién eres?
¿Cómo verías tu futuro si continuaras pensando igual que hoy?

¿Qué te incomoda de cómo vives hoy? ¿Qué deseas cambiar?
¿Qué emociones tienes de tu pasado que no deseas hoy?

¿Qué quisieras cambiar de tu forma actual de pensar?
¿Qué te limita de tu vida de juventud?

CONCLUSIÓN

¿De qué me doy cuenta al hacer un resumen de lo que respondí?

CAMBIO 1

¿Qué cambios haré de inmediato? ¿Qué haré distinto?

____

____

____

____

Si deseas recibir estas preguntas en línea ve a:
https://borghino.mx/arriesgate

CAPÍTULO 2

RESUELVE TU PASADO O NO TENDRÁS FUTURO

"La mente controla tus emociones, tus emociones a tus decisiones y tus decisiones controlan tu destino"
¡No sólo respires... Vive!

Para triunfar debes entrenar tu mente

"No hay un solo camino para alcanzar lo que quieres en tu vida"
(Pero debes elegir el tuyo)

Algunas personas alcanzan lo que quieren con mucha facilidad, otras hicieron un enorme esfuerzo, y algunas lamentablemente jamás lo alcanzarán. Es que para avanzar en la vida hay que tener hambre de éxito, no es sólo un proceso intelectual de desear o querer algo. Necesitas ese fuego interno que no deja espacio para la claudicación ni la derrota, que te dice que persistas, porque llegarás. Es la fuerza que te permite hacer el segundo esfuerzo del triunfo.

Se ha comprobado que las personas que no avanzan en su vida están atrapadas en pensamientos que no las dejan crecer, no es por su incapacidad. Seguramente integraron guiones a temprana edad acerca de sí mismas que las han condicionado y las hacen dudar. Por suerte, también está comprobado que podemos cambiar y transformar nuestros pensamientos, ya que el cerebro tiene la elasticidad suficiente para reinventarse. Generalmente eso lo consigues si integras un sueño en tu mente con el cual te comprometes a fondo. Pero también debes disciplinar tu voluntad para alcanzarlo, de lo contrario se quedará en un deseo. La mayoría de las personas desean los resultados de forma fácil, sentadas en la hamaca con poco esfuerzo. Se requiere mucha tenacidad y sacrificio para ser el mejor, pero muchos no están dispuestos a pagar ese precio, sólo trabajan duro en su empleo y cumplen, y ése no es el camino.

Como dice el actor Will Smith: "Tu talento al final te fallará si no te capacitas, estudias y te dedicas a ser el mejor en lo que haces".

Si fuiste educado para pensar que no eras tan inteligente o que el éxito no es para todos, entonces tu mente jugará en tu contra. Será necesario que cambies ese guion que grabaste en tu cabeza; de lo contrario, aunque lo anheles, caerás en la trampa de tus creencias y no te dejarán crecer.

Lo trascendente es que te convenzas de que todos los seres humanos nacemos con un don único, pero te corresponde a ti descubrirlo. Creer lo contrario sería contradecir la naturaleza misma del ser humano. El hecho de que aún no lo hayas identificado no significa que no lo tengas. Él está en ti, esperando que algún día lo descubras.

Recuerda que tenemos muy poco tiempo para descubrir la razón de que hayamos nacido. Conocer cuál es tu talento natural y cómo puedes utilizarlo para triunfar es fundamental. Está comprobado que si logras dedicarte a una actividad en la que tienes el mayor talento natural, éste contribuirá a que seas el mejor. Así lo describe brillantemente el escritor Ken Robinson en su libro *El elemento*, que te sugiero leer. Él garantiza que podrás explotar tu talento al nivel más elevado y esto te hará distinto a los demás y mejor que la mayoría. Sin duda ello requiere que salgas de tu zona de confort, forzando los límites de tus dones naturales.

El sacrificio en tu proyecto de vida, como en cualquier actividad de este mundo, requiere mucha dedicación. Lo ves en el deporte: cualquier atleta que quiera triunfar debe sacrificarse el doble para superar a sus competidores. Debes de respetar ese principio; de lo contrario, te estarás limitando a ti mismo. El éxito ocurre cuando tus sueños son más grandes que tus excusas. La clave es preguntarte si estás dispuesto a pagar ese precio. No debes temer, no hay nada perfecto, algo puede fallar, pero tu vida está llena de posibilidades. No importa lo que hagas, siempre hay algo mejor para ti. Por eso tenemos oportunidades infinitas. Las oportunidades de mejoras en ti son ilimitadas, son de tal magnitud que es imposible que las puedas medir. El punto es que tu mente es de poder ilimitado. Se ha comprobado que sólo 1% de las personas triunfa en su vida, porque tuvo un propósito y se jugó todo para alcanzarlo, no dudó. Debes preguntarte si tú estás dispuesto a pagar ese precio por el proyecto de tu vida que tiene infinitas posibilidades.

Los pensadores del éxito

"La mayoría de la gente sabe lo que no quiere"
Pero tú ¿qué quieres?

En mis años de estudio acerca del comportamiento humano he profundizado en las reflexiones de los grandes pensadores del tema, como Napoleon Hill, Denis Waitley, Norman Vincent Peale, Edward de Bono, Wayne W. Dyer, Anthony Robbins y muchos más. Casi todos concluyen que para lograr el éxito debemos poner mucha acción a nuestras ambiciones. En la Segunda Guerra Mundial, Sir Winston Churchill solía decir a su pueblo: "Todos deseamos la victoria, pero necesitamos merecerla". Estaba convencido de que sólo alcanzarían la victoria si actuaban duramente contra el enemigo. Esto también ocurre en tu vida. Los resultados siempre van acompañados de mucha acción. Es necesario siempre dar la milla extra. En la vida no sólo basta con saber, sino que hay que saber hacer, y ello se aprende de la experiencia cuando ponemos acción casi en forma desmedida.

En la sabiduría oriental hay un proverbio que dice: "El fruto cae por sí mismo, pero no cae en la boca". Es decir, el fruto del éxito no es un accidente, hay que ir por él. A partir de esa elección construimos las condiciones para que esto ocurra, independientemente de las circunstancias adversas que nos toquen vivir. Por ello, muchos pensadores afirman que la suerte se construye. Te corresponde a ti revertir el fracaso y transformarlo en una hazaña y derrotarlo, ya sea haciendo mucho dinero, construyendo tu propio negocio o logrando el puesto que siempre anhelaste. Te sugiero que veas el éxito como el instrumento que te exige tener una vida muy activa y no esperar que algún día te caiga de regalo en la boca. Aunque algunos suponen que las cosas ocurren por casualidad, en realidad, consciente o inconscientemente, nosotros creamos las condiciones para que sucedan de esa forma y no de otra manera.

Con los años he visto que las personas de éxito trabajan incansablemente y eso crea las condiciones. Una vez que tienen una idea, se apasionan y no escatiman esfuerzos hasta cumplir con su objetivo. Saben que para alcanzar las metas se requiere pasión y, sin importar los obstáculos, están dispuestas a poner toda la carne en el asador. También he visto mucha gente que se siente frustrada por tener anhelos que no alcanza. Estas personas, no bien fracasan dejan de creer en sí mismas y postergan sus decisiones, viven prisioneras de las emociones que surgen del temor a fracasar nuevamente. Sin embargo, la historia nos ha revelado que quienes tienen éxito siempre han fracasado más que aquellos que no lo han tenido. El éxito, decía Winston Churchill, "es aprender a ir de fracaso en fracaso, sin desesperarse".

Es un hecho que las personas de éxito se recuperan 10 veces más rápido que las que no se sienten triunfadoras. Quienes tienen este tipo de mente no se sientan en una esquina, frustrados a lamer las heridas del fracaso; por el contrario, se levantan rápido y continúan el camino. Nada que no sea enfrentado con energía podrá ser superado.

Ya no digas: "Esto es lo que me tocó, así vivió mi papá o mi abuelo", está comprobado que es posible cambiar esa realidad histórica de la familia. El gran escritor Norman Vincent Peale, uno de los más importantes pensadores de la superación personal, solía decir: "Dime el

Por lo tanto, el éxito no es la ausencia de fracasos, sino la capacidad que tengas para recuperarte y tomar un nuevo rumbo.

tiempo que te lleva salir del fracaso y te diré el tamaño de los éxitos que alcanzarás durante tu vida". (Ahora reflexiona por un instante: ¿Cómo has reaccionado ante los fracasos que has tenido? ¿Cuál es tu conducta repetitiva? ¿Qué sientes ante el fracaso? ¿Cómo reaccionas ante ellos?)

El fracaso te revuelca, pero enseña

"Si temes algo o amas algo, siempre pondrás toda tu energía en ello"

Si crees que viniste a esta vida sólo a tener éxito, entonces necesitas profundizar más en este tema; de lo contrario, vivirás muy frustrado. Por principio, debes aceptar que los tropiezos siempre son una parte del camino. Frecuentemente son muchos, ya que a través de ellos es como maduras, forjas tu carácter y te ayudan a subir por la escalera del éxito. Como decía el escritor uruguayo Eduardo Galeano: "Si te caes, es porque estabas caminando, y caminar vale la pena, aunque te caigas muchas veces". Considera que las nubes grises de tormenta también forman parte del paisaje. Las situaciones en tu vida son como las lavadoras: te hacen dar vueltas, te exprimen, te revuelcan, pero al final saldrás mejor de como estabas al inicio. Debes preguntarte: "¿Cómo defino mis problemas? ¿Como un reto o como un fracaso personal?", para entonces profundizar aún más y reflexionar: "¿Qué me enseñó? ¿En qué maduré? ¿Qué saqué de ello?". Si omites esta reflexión, terminarás diciendo: "¡Qué tonto soy! ¡Yo siempre el mismo!". Y pensando así no saldrás adelante. Ante el fracaso debes abrirte, aceptar la caída sin juzgarte y retomar el camino. Recuerda bien que crecer significa también aceptar lo que perdiste y continuar.

El secreto se encuentra en tomar conciencia de cuán rápido abres otra puerta de oportunidad después de un fracaso, de lo contrario pasarán los años y sólo sentirás el dolor de los errores que has cometido. Necesitas sentarte y reflexionar con capacidad autocrítica. En el silencio de la reflexión existe un orden natural que te orientará a tomar el nuevo camino y a aprender a lidiar con las emociones para que no te atrapen, porque si te invaden no tendrás escapatoria.

Dijo el fundador de Dubai, el jeque Rashid: "Los tiempos difíciles generan personas fuertes; personas fuertes generan tiempos fáciles; tiempos fáciles generan personas débiles, y personas débiles generan tiempos difíciles". Hay mucho de verdad encerrada en sus palabras.

Muchos terminan contándoles a sus hijos lo difícil que fue la vida y no las oportunidades que ella presenta.

Necesitas asumir la conciencia de que tú eres más grande que tus fracasos, ya que el fracaso se te presenta para señalarte que debes tomar otro camino y aprender de él. No debes ser rehén de las emociones que ellos te producen porque entonces tu mente te estará asociando con tus fracasos y no te dejará avanzar. Te va a decir: "¡Te lo dije! ¡Tú siempre igual! ¡Ya sabes cómo eres, para qué lo intentas!".

Este tema es tan frecuente en la vida de los seres humanos que la autora Gail Sheehy escribió un libro titulado *Las crisis de la edad adulta*, en el que describe que la mayoría de los seres humanos al llegar a la edad promedio de 40 años comienzan a darse cuenta de que no han avanzado tanto como esperaban y entran en esa crisis.

Dicha crisis sucede por falta de visión o por la indecisión al asumir riesgos, que no les permite avanzar. Por ello las personas que han acumulado mucho éxito han sido verdaderos gladiadores de su vida. Han ido de fracaso en fracaso hasta finalmente construir su éxito. Llegan con las cicatrices de las caídas en su vida, pero llegan. Incluso los que tienen mente triunfadora tienen un lenguaje distinto al de los perdedores, para ellos estos eventos son sólo malas decisiones (metí la pata). ¡Eso es todo! En realidad eso es lo que son. No cargan en sus hombros los fracasos con emociones que dañen su autoestima o su seguridad personal. No se flagelan diciendo: "¡Siempre es lo mismo! ¡Estoy salado!". Sólo salen a buscar nuevos caminos sin importar el tiempo que les tome. Los fracasos son, en el fondo, la necesidad de tomar un nuevo rumbo.

Pero si te sientes víctima y te quejas de las razones de tu fracaso, sólo estarás debilitando tu autoestima y cultivando una mente perdedora.

Necesitas tener madera de líder para dirigir tu vida y carácter para asumir conductas de triunfador, y pronto verás que el camino de la realización estará a la vuelta de la esquina. Pero ¡no te tardes mucho! La vida es corta.

Te advierto que todos los días, cuando te levantas, tienes una cita con tu destino. Te miras al espejo y ves tu realidad, así como también el carácter que has construido para enfrentar los retos. Si estás buscando la persona que cambiará tu vida, ¡mírate al espejo! Tú eres quien construyó lo que eres hoy, por lo tanto eres el responsable de resolverlo.

La clave de todo esto radica en la forma en que te percibes ante el fracaso. Decía Sócrates en la antigua Grecia: "Si te identificas con el éxito lo tendrás. Pero si te identificas con el fracaso también lo tendrás". Esta frase fue muy usada por Henry Ford. Si frecuentemente sientes miedo a la incertidumbre, te transformarás en un experto conocedor de lo incierto, sabrás mucho acerca del tema del temor, pero sorprendentemente esa obsesión que tienes es lo que atraerás en tu próximo intento. También te empequeñecerá, vivirás con carencias y no podrás salir de la trampa. Trabajarás mucho y avanzarás poco.

La forma en que actúes día con día determinará tu destino. Debes ser muy obstinado con tus sueños, porque cuando los dejas morir, también algo muere dentro de ti.

La vida es como ir a la escuela: recibimos muchas lecciones, y cuanto más aprendemos más difíciles se ponen las nuevas tareas porque elevamos el nivel de riesgo y exigencias en las decisiones futuras que tomemos, pero cuando tenemos claro el principio del éxito veremos que el dolor del fracaso desaparece más rápido, ya que maduramos a través de él. Como decía Henry Ford: "El fracaso es la oportunidad que he tenido de comenzar nuevamente con más inteligencia". Ésta es una gran actitud ante la vida, con carácter de triunfo. Tú debes tener la tuya también.

Todas las penurias y fracasos que has sufrido en la vida parecen castigos cuando te culpas a ti mismo, pero paradójicamente constituyen la oportunidad de subir otro peldaño. Se trata del principio de evolución natural que tenemos los humanos para crecer, aunque la mayoría no lo comprende así y esto debilita su alma.

Te invito a que pienses y visualices los fracasos más recurrentes que hayas experimentado y recuerda qué te dijiste en ese momento. Reflexiona sobre qué te dice tu mente frecuentemente cuando las cosas salen mal.

Pregúntate acerca de tus fracasos:

¿Con frecuencia te recriminas si algo sale mal?	(sí)	(no)
¿Has considerado que el fracaso ha sido por tu culpa?	(sí)	(no)
¿Piensas que es por mala suerte?	(sí)	(no)
¿El fracaso es frecuente en tu vida?	(sí)	(no)
¿Decaes emocionalmente cuando fracasas?	(sí)	(no)
¿Crees que no tienes éxito a pesar de que eres muy trabajador?	(sí)	(no)
¿Consideras que la vida no ha sido justa contigo?	(sí)	(no)
¿Te sientes mal contigo mismo por no lograr lo que siempre has querido?	(sí)	(no)
¿Sientes que no tienes una actitud de triunfo ante la vida?	(sí)	(no)
¿Los miedos te han limitado a asumir nuevos riesgos?	(sí)	(no)
SUMA LOS TOTALES MARCADOS:		

Si respondiste que sí a seis o más de estas preguntas, tu mente te está jugando una mala pasada. Cuanto más te culpes y más dudes de ti, peor te irá en un próximo intento. Tu mente se encargará de hacerte fracasar porque le has introducido ideas de ese tipo y jugará en tu contra.

Una cosa es que te enfrentes a un desafío importante y otra es que inicies dudando, debilitado o empequeñecido ante él. Ese sentimiento de pequeñez es producto de los miedos de experiencias pasadas que te han dejado una herida que te dice al oído: "No eres tan inteligente", "Siempre es igual", pero eso no es real, es una interpretación que hace la mente ante las experiencias que has tenido en la vida. Si quieres progresar, el temor, la angustia y la inseguridad no son buenos consejeros.

Para la mayoría de las personas los fracasos no son aprendizajes, no suman, sino restan disminuyendo su autoestima y seguridad personal. Pero no vinimos a este mundo a debilitar nuestro carácter o a sufrir en cada caída cuando intentamos algo riesgoso. Nosotros somos la especie más perfecta y sofisticada que hay en la faz de la tierra. No vinimos aquí a sufrir siendo perdedores, eso es lo que interpreta tu mente por las caídas que has tenido. La razón por la que mucha gente no tiene éxito es porque valora sólo lo que hace, no quién es verdaderamente como persona. Creemos más en los fracasos que hemos tenido que en nuestra inteligencia natural. Nuestra mente dispara imágenes de eventos desafortunados del pasado en cada nuevo intento y no nos muestra el poder infinito y el talento de que disponemos para lidiar con esos eventos. *Por ello, si quieres triunfar no debes considerar qué ha sucedido en tu transitar, sino quién eres realmente, con qué cuentas.* Tú eres más poderoso que las acciones desafortunadas que has tenido. Eres un gigante dormido que de una vez por todas debes dejar salir, para lo cual, debes creer y reeducar tu mente y las emociones que te envía.

Recuerda que "la vida te golpea, pero nunca te noquea".

Debes aprender a soltar esos pensamientos limitantes, de lo contrario, cuando fracases, más dudarás de ti, y esto irá cada vez más en aumento. Será entonces muy difícil que puedas superar ese resbalón cargado de emociones, que afectará tu autoestima.

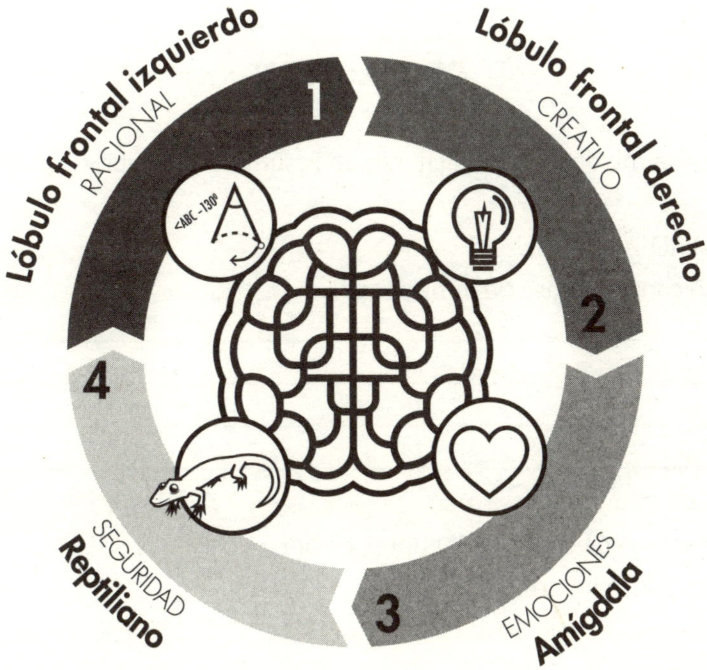

PREGÚNTALE A TU MENTE 2:

¿Qué importancia ha tenido el fracaso en mis éxitos?
¿Qué debo hacer diferente en mi vida para triunfar?

¿Qué debería hacer diferente para triunfar? (Esta pregunta es igual a la anterior) ¿Me veo siendo un triunfador?

¿Qué siento cuando veo mi crecimiento económico?
¿Qué emociones me han frenado en la vida?

¿Qué he dejado de hacer que no me permite crecer?
¿Qué me tiene estancado y sin tener lo que quiero?

CONCLUSIÓN

¿De qué me doy cuenta al hacer un resumen de lo que respondí?

CAMBIO 2

¿Qué cambios haré de inmediato?

____

____

____

____

Si deseas recibir estas preguntas en línea ve a:
https://borghino.mx/arriesgate

CAPÍTULO 3

TU PODER INTERIOR

"Confía en ti o no eres nadie"

El secreto de la vida es que evoluciones, pero para que esto suceda necesitas aceptar que naciste con todas las capacidades para lograrlo, de lo contrario será inútil intentarlo. Recuerda que el ser humano es un ser completo para alcanzar lo que se proponga. Su limitación sólo está en su forma de pensar, la cual construye emociones rebuscadas que limitan su grandeza.

Pero antes de seguir adelante, te pregunto:

- ¿De verdad tú también crees que tienes tanto talento?
- ¿Crees que te hace falta algo para triunfar?
- ¿Piensas que necesitas una motivación externa?

Si necesitaras algo más, te preguntaría:

- ¿Dónde crees que lo podrías encontrar?

Ya dijimos que ese poder se encuentra en ti, pero por si aún no estás convencido, pregúntate:

- ¿Tienes conciencia de tu poder interior?
- ¿Sabes qué virtudes te distinguen de los demás?
- ¿Has identificado tu inteligencia única y diferente?
- ¿Sabes que eres origen y único, y no hay nadie como tú?
- ¿Aceptas que eres parte de la especie más inteligente que existe?

El paso siguiente sería: "Si ese poder se encuentra en mí, ¿cómo lo encuentro?". El día que observes este mundo desde una perspectiva interior, lo verás con los ojos de la sabiduría y de la fe ilimitada. Mientras tanto podrás dudar incluso hasta de ti mismo. Es dentro de ti donde se encuentra lo más poderoso: se trata del poder infinito de tu ser, que te fue entregado cuando naciste, pero todo el tiempo estás buscando la solución en el mundo exterior. Parece que el ser humano va buscando la luz de su vida teniendo una linterna ¡en su propia mano! La luz te vino incluida cuando naciste; la luz eres tú. Debes trabajar en ti para encontrarla; mientras busques fuera, sólo verás casas, autos, ropa, sillas, mesas… y ahí no está el secreto de tu vida.

Recuerda que uno evoluciona *porque puede pensar, y puede pensar porque tiene alma, y ésa, precisamente, es tu vida interior.* Y ésa es también la gran virtud que tiene el ser humano sobre cualquier otra especie: tenemos alma y eso nos da la posibilidad de llegar a comprender lo que hacemos y quiénes somos. Debes aceptar que somos los únicos seres capaces de transformarnos y que gracias a la conciencia podemos cambiar nuestra forma de pensar.

Estoy convencido de que para muchos la tragedia más grande de su vida radica en que nadie les ha hecho ver que pueden superarse por encima de sus propios límites, y entonces se quedan estancados en sus emociones. Es una zona de confort que te dice: así soy, siempre he sido así, ésta es mi vida. Crearon un caparazón de creencias que no les permite ser quienes podrían llegar a ser y se quedan pensando en lo que debió ser y que nunca pasó.

Hay una alegoría escrita por Platón titulada Mito de la caverna, en donde explica cómo lo que vivimos afecta nuestra forma de ver la vida. Cuenta que unos prisioneros observaban durante toda su vida unas sombras que se reflejaban en la pared de la caverna en la que vivían. Esas sombras eran la vida real para ellos, hasta que un día uno se libera y decide ascender, arriesgarse e ir hacia el otro extremo, donde había una brillante luz. Le dijeron que no fuera porque moriría quemado de inmediato, pero el joven comprueba que ésa era la puerta de la caverna, que la luz era el sol y las sombras eran los animales y personas que pasaban por la puerta y que se reflejaban en la pared. Platón dice que ése fue el primer paso hacia el conocimiento real, porque el mundo real está en nosotros. En la alegoría está fuera de la caverna.

El Mito de la caverna nos sirve para comprender que los seres humanos vivimos una falsa realidad porque sólo creemos en lo que vemos y eso es lo que definimos como vida. Nos confirma que vivimos en la dualidad entre las imágenes que vemos en este mundo, y creemos que ésa es nuestra vida, pero nuestro mundo real se descubre cuando tomamos conciencia de quienes somos, como lo muestra la alegoría al descubrir el mundo real y no el de las sombras.

Necesitas trabajar en tu interior para descubrir que dentro de ti está la verdad, y que no creas sólo en las sombras que el mundo te ha mostrado a través de experiencias negativas. La vida eres tú y debes tomar conciencia de ello; no somos el carro, la casa, el trabajo que tenemos. Pero necesitas correr el riesgo de vivirla saliendo de la caverna. Necesitas descubrir tu vida real para triunfar y descubrir tus sombras.

¡Basta de postergación!

"En el fondo de la postergación hay miedo"

Muchos han aprendido la lección del fracaso en forma autodidacta. Son buenos alumnos de sus fracasos y aprendieron a la perfección la lección de que no pueden hacer bien las cosas o que hasta ahí pudieron llegar; "no me pidan más, hasta aquí llegué", se dicen. Se transforman en seres que deambulan por la vida como zombis, sin saber cómo producir mejores resultados.

No esperes el momento perfecto, mejor haz de este momento de vida algo perfecto. Ya no te veas como un vaso medio vacío. Cambia el paradigma de cómo te ves.

Me gusta la frase de Henry Ford que dice: "No te avergüences de fracasar, avergüénzate de temer a fallar".

Cuántas ocasiones te has dicho que no estás listo para hacer algo, por ejemplo:

- "Sí tengo que expresar amor, pero aún no estoy listo."
- "¿Debo poner mi negocio propio? Mejor espero."
- "¿Hacer un cambio en mi vida? No, aún no es el momento."
- "Voy a esperar un poco." (¿Hasta cuándo?)
- "Necesito tiempo." (¿Qué quieres que suceda? ¿Que tus hijos crezcan? ¿Que tu jefe se dé cuenta?)
- "Ya veremos." (¿Esperas que la solución venga de otro lugar?)

¿Quieres que tus sueños se hagan realidad? ¿Entonces cuándo te pondrás en camino de hacerlo tú mismo?

El humano es el único ser en el planeta capaz de decir una cosa y hacer otra, ninguna otra criatura en este mundo padece de esa dualidad. Como el ser humano también tiene la capacidad de decidir, entonces puede optar por no decidir; podemos decidir no hacer nada sin importar lo que hayamos dicho antes y no nos importa ni nos sentimos culpables.

Las personas que no cumplen con lo que dicen terminan culpando a las circunstancias o a otras personas. Se justifican diciendo: "No se puede tener todo en la vida", o bien, recurren a otras frases hechas como: "Cuando era joven me comía el mundo, pero la vida te va diciendo", o "El hombre propone y Dios dispone". Como siempre sucede, involucran a Dios y lo convierten en el responsable de su falta de congruencia.

Si te consideras una persona que pospone frecuentemente sus decisiones, me alegro de que estés leyendo este libro porque te llegó el momento de cambiar. Porque la postergación es "el primer paso hacia el fracaso". Si eres de aquellos que "hacen todo lo posible" o que "le ponen ganas" o que se dicen: "Soy muy trabajador y no avanzo", te informo que pensar así no es un buen camino para encontrar el éxito. Hacer lo posible o ponerle ganas no tiene ninguna utilidad en la vida. El resultado está en los hechos, no en las intenciones; está en rectificar todo el tiempo la dirección que tomas en tu vida, pues ésta te retribuye lo que inviertes en ella, ni más ni menos. La cantidad de acción que realices en la dirección correcta será la retribución que recibas.

Siempre aconsejo que aquellos que son sensibles al dolor del fracaso necesitan controlar la enfermedad de la postergación, porque en el fondo es sólo miedo, que es el camino perfecto para el fracaso.

Fracaso tras fracaso...

"Está bien celebrar el éxito, pero más importante es prestar atención a las lecciones del fracaso"

Te invito a fracasar todo el tiempo hasta que alcances el éxito. No hay razón alguna para que rechaces este principio, pues ésa es la ley del éxito, el tropiezo es parte de su ecuación. Además, los tropiezos son el instrumento de aprendizaje que tenemos; no te centres en el dolor del fracaso, sino en qué te enseñó éste. No necesitas estar listo para empezar, pero necesitas empezar para avanzar en la vida.

Fracasa, no te preocupes, pero eso sí, no bien muerdas el polvo recupérate de inmediato e intenta nuevamente. Comete errores, pero rápido levántate y continúa con tus proyectos. Al éxito le encanta la velocidad, así que apúrate y no pierdas el tiempo deprimiéndote y contándoles a tus amigos y familiares cuánto dolor padeces.

El fracaso, definido como tal, no es más que una interpretación emocional de un evento que no salió como querías. En el fondo sólo se trata de un intento más. Como decía Thomas Alva Edison: "El éxito es 10% inteligencia y 90% transpiración". La constancia es el arma letal ante el fracaso, es tu actitud, esfuerzo y mentalidad. Recuerda que "lo que con mucho trabajo se obtiene, más lo amas", así decía Aristóteles.

No te escondas

"Para tener éxito debes aprender a gobernar tu mente"

Durante mi larga experiencia en consultoría he comprobado que las personas que postergan sus decisiones lo hacen porque en el fondo tienen un dolor que proteger. Es decir, un sufrimiento, una aflicción y no desean pasar por la misma experiencia, tienen miedo a perder. Éstas son las que yo llamo *agendas escondidas*. Se trata de secretos que esconden, que les hacen difícil vivir la vida como quieren.

Quienes tienen esas agendas escondidas siempre viven haciendo lo que no desean, de tal forma que construyen una especie de sabotaje y actúan de manera incongruente. Lo curioso es que no lo saben, y tienen vergüenza de decirlo y compartirlo, pero el dolor del alma es inmenso en ellos.

Imaginemos que alguien dice: "Cuando me propongo algo, con frecuencia no lo hago o lo dejo a medias y, para salir del paso, vivo culpando a otros". Pero eso no resuelve el problema, al contrario, lo endurece.

Te invito a descubrir a través de las siguientes preguntas tus agendas escondidas. Identifica qué ocultas y si hay un sabotaje de fondo.

Pregúntate:

- ¿Por qué digo muchas cosas y no las hago? ¿Qué secretos guardo? ¿Qué escondo?
- ¿Cuál ha sido un secreto en mi vida, algo sobre lo que nunca he hablado, pero de lo que estoy muy arrepentido?
- ¿Qué no quiero que sepa nadie, ni siquiera mi familia?
- Si fuera revelado, ¿qué pensarían de mí?
- ¿Qué cosas he dejado de hacer que los demás desaprobarían?
- ¿Qué humillación sentiría si otra persona lo supiera?
- ¿Qué riesgo escondo que no me animo a tomar por miedo al fracaso?

Quiero hechos, no bla, bla, bla...

"Acción, seguido de más acción, así es como se escala"

Los hechos son la única evidencia que confirma tu congruencia con lo que piensas. Las personas que viven sin lograr sus resultados se justifican todo el tiempo explicando las causas. Se mienten a sí mismas. Aun si la explicación fuera cierta y justificable, de todas maneras carece de trascendencia, ya que ése no es el propósito. El fin es que suceda. Es como si un bombero le dijera a su jefe que el fuego va en aumento. Su función es apagarlo, no que le explique que está aumentando. ¡¡Resuelve!! Si no te comprometes a realizar un enorme esfuerzo por tus metas en la vida, serán inútiles todos tus deseos, las horas que trabajes y lo bueno que seas como persona, aun así no llegarás. No puedes quedarte en la zona de confort. Necesitas llevar tu vida a un estado superior de hechos, y para ello necesitas cambiar tu mente, de lo contrario todas tus palabras serán simples deseos.

En la antigua Roma ser escultor era una profesión muy popular. Había muchas esculturas callejeras, a las cuales aplicaban cera para ocultar las imperfecciones, por errores que cometía el escultor con su cincel. Eran obras de arte corregidas, simulaban que estaban bien. Y siempre se corría el riesgo de que la cera desapareciera, cambiara de color y dejara a la vista el error que habían ocultado.

Igual sucede en la vida. No se puede tener éxito verdadero a largo plazo si no te la juegas, ya que en algún momento, en algún lugar, la cera se derretirá y revelará tu verdadera identidad. Como dice Woody Allen: "Las cosas no se dicen, se hacen, porque cuando se hacen se dicen solas".

Aquello que haces siempre habla con mayor elocuencia que cualquier cosa que digas. La incongruencia es el flagelo destructor de tu imagen pública ante la vida y es el constructor de una mente perdedora. Te invito a actuar con inmensa pasión y a que jamás postergues decisiones de acción. Ahí saldrá a relucir tu casta, tu fortaleza y todo tu poder interior.

Te invito a que te hagas las siguientes preguntas:

- ¿Los demás tienen la seguridad y confianza de que siempre cumplo con las promesas?
- ¿Soy una persona que cumple con sus propósitos personales?
- ¿En qué he sido incongruente en mi vida y me causa arrepentimiento?
- ¿Qué consecuencias ha tenido en mi vida la falta de congruencia en cosas sustantivas?

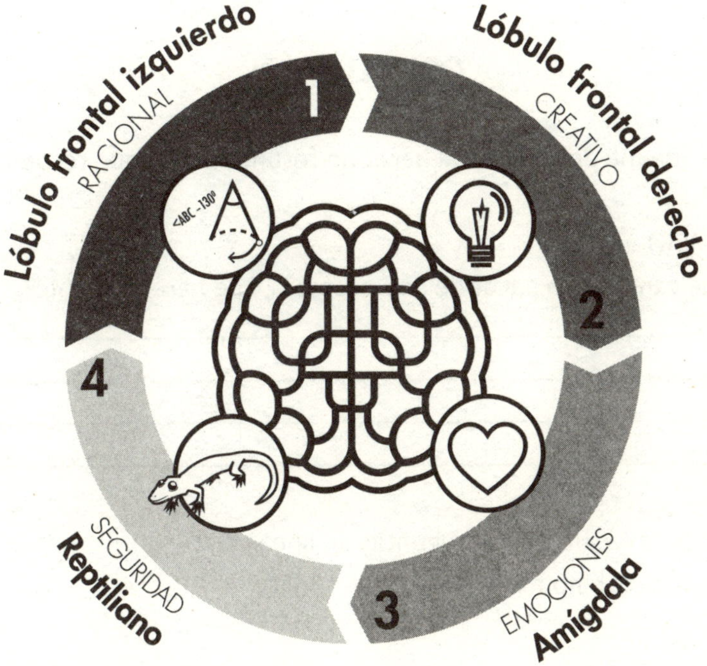

PREGÚNTALE A TU MENTE 3:

¿Qué te produce inseguridad? ¿En qué dudas de ti?
¿Qué has perdido por el temor al fracaso?

¿Qué no te gusta de ti? ¿Qué problemas te ha creado?
¿Qué te hace postergar cosas? ¿Qué cosas has dejado de hacer?

¿Cómo visualizas tu futuro? ¿Eres arriesgado?
¿Qué planes tienes para ti como persona?

¿Conoces cuál es tu mayor talento?
¿Qué necesitas de ti para poder triunfar?

CONCLUSIÓN

¿De qué me doy cuenta al hacer un resumen de lo que respondí?

CAMBIO 3

¿Qué cambiaré a partir de hoy mismo? ¿Qué haré diferente?

____

____

____

____

Si deseas recibir estas preguntas en línea ve a:
https://borghino.mx/arriesgate

CAPÍTULO 4

LA FUERZA DE LOS HÁBITOS

Tus pensamientos son sólo hábitos: "Toma conciencia de qué pasa por tu cabeza"

Los hábitos del éxito

"Quién eres hoy está determinado por tus hábitos y creencias del pasado"

Estudios realizados por los expertos en neurociencia nos indican que 95% de nuestras conductas están basadas en hábitos. Estos hábitos se encuentran en nuestro inconsciente y determinan nuestros comportamientos sin que lo notemos. Esto significa que la mayoría de nuestras actividades diarias son rutinas inconscientes. Y no sólo eso, sino que la suma de todos los hábitos que hemos adoptado determinan la forma en que nos comportamos en la vida. Como seres de hábitos que somos de alguna manera éstos nos hacen ser predecibles.

Debemos cuestionarnos: "¿Será que las conductas que tengo son las apropiadas para triunfar?", "¿serán mis hábitos los correctos para lograr lo que quiero?", "¿tengo hábitos de ganador o de perdedor?", "¿qué hábitos nuevos necesito?".

El punto es que tus conductas diarias determinan los resultados que obtienes. Significa que si no estás satisfecho con tu vida necesariamente tendrás que cambiar tus hábitos. El postulado dice así: "Cambia tus hábitos y cambiará tu vida". Si los cambias transformarás radicalmente la manera en que haces las cosas y el rumbo de tu vida.

Hay en la historia de John Rockefeller una anécdota sobre cómo su vida cambió radicalmente. En 1867 Rockefeller vivía en Cleveland; en la mañana del 17 de diciembre tenía que tomar un tren que lo llevaría a Nueva York, para una rápida junta de negocios. Ya era en aquellos días un joven exitoso de negocios de 28 años. La junta de negocios era con el famoso Cornelius Vanderbilt, un poderoso empresario y banquero. Se dice que Rockefeller había preparado muy bien su junta pues era una oportunidad muy importante para él y estaba inquieto porque deseaba que fuera una junta exitosa. Su preocupación y nerviosismo eran muy evidentes dada su juventud contra un enorme empresario como Vanderbilt. La historia dice que ese día perdió el tren por unos minutos y ese retardo evitó que viajara en el tren Angola, que tuvo en su camino un terrible accidente del que muy pocos se salvaron. Ese accidente y salvar la vida le hizo cambiar su forma de pensar, dijo: "A partir de ahí vi los problemas como oportunidades, y este desastre así fue". Desistió de toda su preparación para la entrevista y la enfrentó tal como surgiera, confiando en su instinto. Confesó que el accidente le hizo perder muchos miedos que tenía antes en su vida y así enfrentó la junta con el poderoso Vanderbilt. Según la historia, dijo que la manejó con más confianza y fortaleza personal, sin miedos. Esta entrevista le marcó un nuevo camino a su meteórica y exitosa vida de negocios. Cambió sus hábitos de pensamiento y temores ante el inminente enfrentamiento con la muerte que podría haber sido inevitable de haber llegado unos minutos antes. Cuando logras liberarte de los miedos la valentía surge y tu inteligencia comienza a dirigir tus decisiones, como le sucedió a Rockefeller. Por ello el cambio de hábitos te puede llevar a un nuevo y exitoso camino también en tu vida.

Reflexiona qué decisiones has tomado en el pasado que han cambiado el rumbo de tu vida y piensa cuáles deberás tomar hoy para que ello ocurra de nuevo.

Esto confirma que las personas exitosas no necesariamente son inteligentes, sino que construyen los hábitos indicados y los ponen en acción.

Alrededor de 95% de nuestros patrones de comportamiento son invisibles, entonces no sabemos que los tenemos, porque son hábitos inconscientes. Decía Oliver Weldell Holmes: "Todos nosotros necesitamos educarnos en lo obvio", porque lo obvio está gobernado por hábitos que usamos inconscientemente. Para esto necesitas mirar de cerca los hábitos que te están limitando. O los cambias o se repetirán todo el tiempo sin que te des cuenta. Muchos mueren con ellos sin saber que existían y limitaron su realización.

Todas las mañanas nos levantamos y vemos a las mismas personas, a nuestra pareja, a nuestros hijos, al policía de la esquina, a los compañeros de trabajo, a nuestro jefe, tomamos el mismo café, manejamos por las mismas calles, hacemos las mismas tareas en nuestro trabajo y vamos a los mismos lugares y nos vestimos siempre con el mismo tipo de ropa. Después de 30 años de realizar la misma labor nos jubilamos de una empresa. Luego no sabemos cómo vivir sin esas rutinas.

Nuestra mente responde de manera automática a todo lo que tiene integrado, y si no eres consciente de ello, el pasado que no quieres se te puede estar presentando a diario saboteando tu futuro. De este modo tu futuro será una extensión de tu pasado, lo cual es una tragedia, pues no estás construyendo el futuro que quieres.

De este modo podríamos concluir que somos nuestros hábitos, que ellos nos gobiernan. En neurociencia esto se define así: "La mente que registra los hábitos es la que controla nuestras conductas". Vivimos creando más de lo mismo. Entonces, si no te gusta tu vida necesitas revisar tus hábitos, no busques en otro lugar.

Por otro lado, nuestra mente actúa en función de lo que recuerda. Esto significa que podríamos estar creando conductas que sólo son reflejo de nuestro recuerdo.

La mayoría de nuestros hábitos nos hacen actuar rápido porque son automáticos. Y así, sin pensar, vamos al trabajo; sin pensar regresamos a nuestra casa, vemos los mismos canales de televisión, vamos a dormir a la misma hora y nos quejamos todo el tiempo de las mismas cosas. Entonces la pregunta que debes hacerte es la siguiente: "¿He cambiado mis conductas en mis últimos años?".

El hábito no hace al monje, pero...

"Cambiar es pensar más allá de tus hábitos"

Hay películas que vemos varias veces y siempre nos resultan cada vez más aburridas, porque ya sabemos qué sucederá. Ten cuidado, lo mismo puede estar pasando con tu vida. ¿No será también tu vida una película aburrida que llevas años repitiendo? Y lo más probable es que ya estés harto de verla, pero no sabes cómo hacer otra película. La pregunta entonces es: ¿Cómo podemos esperar algo diferente de nuestra vida si repetimos lo mismo por años? ¿Hemos actuado con las mismas actitudes año tras año? En la medida en que tus hábitos continúen iguales, tu vida será siempre la misma, aunque anheles con toda el alma vivir de otra forma.

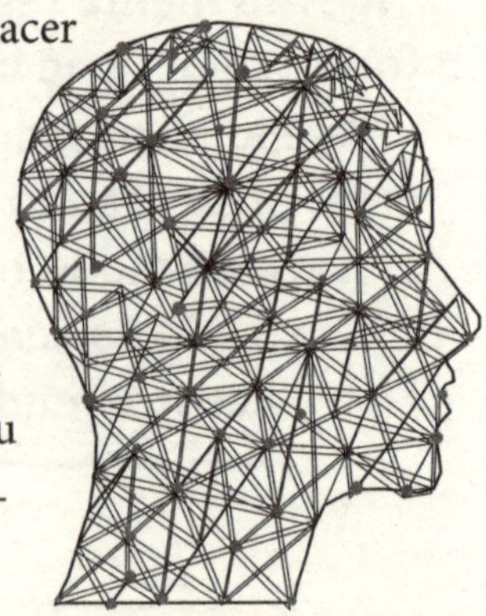

Estamos encerrados en una caja, porque nuestro cerebro tiene conectadas millones de carreteras que han sido construidas por los hábitos que tenemos desde el día en que nacimos. Los psicólogos le llaman a esto *personalidad.* A este respecto recuerdo que cuando era joven mi abuelo Marcelo repetía una vieja expresión: "El hábito no hace al monje, pero lo hace parecer".

Así como nuestros hábitos son repetitivos, nuestras emociones también lo son. En consecuencia, los hábitos han ido moldeando nuestras actitudes y éstas al repetirse se reafirman cada vez más y nos hacen vivir de una forma que no somos. Cuando la gente nos ve dice: "Así eres porque siempre lo haces". De continuar así tu vida, sin darte cuenta, terminarás sin avanzar mucho aunque anheles el éxito. La buena noticia es que, así como los hábitos fueron creados, también puedes cambiarlos.

El célebre filósofo y psicólogo estadounidense Williams James decía: "El milagro del ser humano es que podemos cambiar nuestra vida si cambiamos nuestras actitudes". Las actitudes no son sino producto de los hábitos. Tú puedes vivir de manera distinta si te lo propones, pero debes entender tu realidad para que tu cerebro opere de modo distinto.

El secreto consiste en romper con los hábitos; sólo así podrás ser tú mismo y no ser tus viejos aprendizajes. Cuando lo consigas, sea lo que sea que pretendas, entonces, sólo entonces, descubrirás el inmenso poder que existe dentro de ti. Mientras esto no ocurra continuarás viviendo una vida con hábitos viejos que te tienen atrapado. Pero pensarás que ése es el camino que te puso la vida.

Fábula budista

"Si eres tus creencias sufrirás el dolor de tus emociones"

Un día un alumno consulta a su maestro budista acerca de qué debe hacer para cambiar. El maestro, tranquilo, apacible, le entrega una taza y comienza a servirle té; sin detenerse, vierte el agua hasta que se derrama sobre la mesa. Asombrado, el discípulo le pregunta por qué dejó que la taza se desbordara.

El maestro responde: "Para aprender es necesario vaciar lo que traes en tu mente y estar dispuesto a encontrar nuevos caminos".

No es posible cambiar tomando decisiones con hábitos viejos. El secreto es vaciar nuestra mente de ideas que nos están limitando e incorporar nuevas que nos permitan cambiar el rumbo y triunfar. Por eso en todo este libro te reitero lo importante que es vivir consciente y no en una inercia sin darnos cuenta de ello.

Pregúntate:

- ¿No será que viejos hábitos están saboteando mis planes?
- ¿Qué conductas ya no deseo, pero no he podido liberarme?
- Si tuviera la libertad y el poder de cambiar algo en mí, eso sería…
- ¿Qué emociones limitantes repito siempre que asumo un riesgo?
- ¿Qué emociones me tienen atrapado?

La lucha que debes librar contigo

"Vence tus pensamientos limitantes"

El cerebro tiene la particularidad de operar repitiendo costumbres, así que para cambiarlas tendremos que luchar contra nosotros mismos; vivir conscientemente. A las personas más exitosas que conozco siempre las he visto luchar contra su propia forma de pensar, contra sus miedos o frustraciones, y la única manera de vencerlos fue que nunca se dieron por vencidas. Avanzan, aunque estén aterradas o no sepan bien si han tomado el camino correcto, pero no desisten. Son obstinadas y tercas en sus propósitos.

Cuántas historias has conocido acerca de personas que se curan del cáncer porque cambiaron su forma de pensar. La explicación radica en que crean canales nuevos de comunicación de química interna, nuevas carreteras en el cerebro, que las hacen pensar distinto y modifican así su química orgánica interna, al tal grado que curan las células malignas.

Si esto sucede con una enfermedad como el cáncer, imagínate por un instante lo que este proceso puede hacer por tus metas personales. Todo es posible, pero depende de ti. Deja de engañarte porque tu cerebro es la mejor máquina para construir un proyecto de vida, pero debes educarla.

Necesitas la repetición de una nueva meta y de una nueva forma de pensar, lo cual crea las nuevas interconexiones que te llevarán al éxito. Debes construirlas obligando a tu mente, empujándola hacia lo que más anhelas. Debes ser un verdadero gladiador con tu mente.

Necesitas ser valiente, sacrificarte, tener disciplina y creer en ti, sin importar los fracasos que puedas tener. Ya no habrá marcha atrás; deberás quemar las naves y cumplir con tu propósito de seguir por un camino sin retorno, pero es necesario tomar conciencia de que tus hábitos determinan tu realidad y te hacen vivir una vida que necesitas ir rectificando en el camino.

Dice Joe Dispensa, escritor y neurobiólogo: "El 95% de tus conductas son inconscientes y están enclavadas en hábitos ocultos. Vivimos con sólo 5% de conciencia de lo que hacemos día con día. Somos la inmensidad del inconsciente que vive en nosotros". Esto explica por qué muchas cosas de nuestra vida no se logran y se repiten una y otra vez; volvemos a cometer los mismos errores ya casi irracionalmente.

Ahora que has aprendido que tus hábitos te gobiernan ya estás listo para estudiar los tuyos y trabajar en cambiarlos para siempre. Recuerda que tu mente y tu cuerpo actúan por igual. Hacer algo concreto para conseguir tus metas es también una acción física que requiere que actúes en forma premeditada para cambiar las interconexiones cerebrales que tienen en el archivo tus hábitos.

Si logras tomar conciencia de esos hábitos, juro que serás una persona distinta cuando termines de leer este libro. Tu vida será gobernada por nuevas conductas que te llevarán a construir la vida que siempre anhelaste.

Hábitos que cambiarán tus hábitos

"Los pensamientos son el lenguaje del cerebro, los sentimientos son el lenguaje del alma"

Si verdaderamente deseas construir tu éxito en la vida, debes trabajar mucho en ti. Debes prepararte para subir a un nivel superior de vida, hasta transformarte en un ser consciente. Pero cuidado, porque ser una persona normal, o buena gente, no te lleva a ningún lugar en la vida, ya que es necesario, pero no suficiente. Quiero decir que esa actitud de persona normal te invita a que seas una persona sin cambios; no esperes grandes hazañas si pretendes ser una persona promedio. Al cambiar tus hábitos de conducta tendrás un impacto enorme en todas las áreas de tu vida, no sólo en lo económico o laboral, porque te transformarás en una nueva persona con hábitos que te harán crecer.

Debes aprender a pensar en ti y en cómo construirte. Pensar en ti no es egoísmo o egocentrismo, pues si tú te fortaleces, ayudarás a tu familia, a tus relaciones y a la empresa en la que trabajas. Por ejemplo, cuando en un avión se descuelgan las máscaras de oxígeno te dicen que primero debes ponértela tú y luego tus hijos. Este principio también lo debes aplicar en tu vida y en la construcción de tu éxito personal. Piensa en ti primero, fórjate tú primero, para ayudar luego a los demás que amas. Si tú estás fortalecido podrás ayudar a los demás; de lo contrario no le servirás a nadie estando débil.

Rodéate de personas que hacen esfuerzos extraordinarios para triunfar y observa cuáles son sus conductas, qué hábitos de éxito usan. Te servirán de modelo.

Desarrolla tus capacidades para producir resultados

Hubo un escritor muy famoso en la antigua Grecia, en el siglo VI a.C., llamado Esopo, cuyo género era la fábula, las cuales tienen la particularidad de que sus personajes son animales. Una de sus fábulas que me gusta mucho comentar es la que en español se le conoce como "La gallina de los huevos de oro". Dice así: Hubo una vez un campesino que tenía unas gallinas detrás de su casa. Todas las mañanas iba al gallinero a recoger huevos para su desayuno. Pero un día vio entre ellos uno de color dorado que brillaba mucho. Le llamó la atención, lo revisó y resultó ser un huevo de oro. Por muchos años

esa gallina le dio a este granjero muchos huevos de oro, que lo transformaron con el tiempo en una persona muy rica.

En su vejez, dijo: "No puedo morir sin tener todos los huevos de oro que esa gallina tiene para mí". Con esa idea en la mente, al otro día se levanta y cuchillo en mano mata a la gallina. La abre para sacar huevos de oro y ¡sorpresa!, no encuentra nada más que vísceras. No había los anhelados huevos de oro.

En conclusión nos dice que mató a la gallina de los huevos de oro. Ella era la productora de su riqueza, y con el afán de tener más riqueza, mató aquello que la producía. En nuestra vida es igual. La fábula nos da el siguiente mensaje: Si quieres tener más éxito y crecer en aquello que haces en tu vida o lograr lo que anhelas, es necesario que cuides de ti, que eres quien produce los huevos de oro. Tú eres el recurso de todos los resultados que quieras producir. Si quieres triunfar necesitas invertir más en ti, capacitarte más, trabajar más, estudiar, desarrollar tu inteligencia, ser el mejor en lo que haces. De esta manera mejorará tu capacidad de producción de riqueza, serás más exitoso, más eficiente, producirás más huevos de oro. Tus resultados mejorarán si concentras tu mente en tu crecimiento, en tus metas, en tus destrezas, para que el éxito que en la fábula son los huevos de oro se multiplique. Jamás esperes del entorno, tú transfórmalo o influye en él, pero no esperes. No te enfoques sólo en ganar más sino en ser el mejor en lo que haces, debes destacar por encima de los demás y eso producirá más resultados. Trabaja en ti, fórjate con mucha pasión, sé lo mejor y no esperes que las cosas vengan de afuera hacia ti sin ser el mejor en lo que haces.

Todo en la vida está regido por el principio de esta fábula, que es el balance entre una fuerte capacidad para producir resultados y el resultado que produzcas para crear riqueza.

Te recomiendo que diariamente salgas de tu casa con una visualización clara de lo que quieres para fortalecer tu capacidad de producción de resultados. Dicha visualización te ayudará a forjar nuevos hábitos. Repítela por lapsos de 21 días, tal como te indico más adelante, luego revisa los avances y comienza nuevamente otros 21 días.

Te lo recomiendo, yo lo he hecho por años y me ha ayudado a alcanzar las metas más importantes de mi vida. Te mantiene atento y motivado en lo que quieres y enfocado en tus prioridades. Esta información irá directamente a los hemisferios frontal izquierdo y derecho de nuestro cerebro, que es nuestra mente lógica y creativa, donde se almacenan los datos para imaginar, y están ubicados exactamente arriba de los ojos. Se le define como nuestra torre de control que conduce la vida con inteligencia. Saturar tu mente de esta información será clave para lograr tus objetivos de vida. Te aseguro que al practicar el rito diario que te mostraré a continuación, que consiste en revisar tus propósitos constantemente, podrás avanzar como jamás lo has hecho en toda tu vida. Tu gallina producirá cada día más y mejores resultados. Por ello debes ponerte metas y objetivos que sean un reto y se transformen en tu motivador diario, y salir a conquistar el mundo con sed de triunfar en lo que tú más anhelas. Invierte una hora antes de salir y con el tiempo tu vida cambiará, te lo aseguro, lo he visto en mi vida personal y en cientos de personas. Les transforma la autoimagen y las guía al éxito.

Rito: Preguntas matinales por 21 días

"Enfócate en quien quieres ser todos los días"

1) En este preciso momento ¿qué me hace feliz?
   ¿Por qué me hace feliz? ¿Qué siento al hacerme estas preguntas?
2) ¿Qué me entusiasma en la vida en este momento?
   ¿Por qué me entusiasma? ¿Qué siento al preguntarme?
3) ¿De qué estoy orgulloso en mi vida?
   ¿Por qué me orgullece? ¿Qué siento con esta pregunta?

4) ¿Qué le agradezco a la vida?
¿Por qué se lo agradezco? ¿Qué siento al preguntarme?
5) ¿De qué disfruto más en la vida en este momento?
¿Por qué lo agradezco? ¿Qué siento con la pregunta?
6) ¿Qué compromiso tengo hoy con mi vida?
¿Por qué me comprometo? ¿Qué siento al preguntarme?
7) ¿A quién amo? ¿Quiénes me aman?
¿Por qué los quiero? ¿Qué siento por ellos?
8) ¿Cuál es mi acción para hoy en la que debo enfocarme?

Estas preguntas elevarán tu nivel de conciencia y tu motivación para actuar. Permitirán que muchos hábitos nuevos se incorporen en ti y poco a poco cambiarás las malas costumbres e incrementarás tus resultados porque tu hemisferio frontal izquierdo estará enfocando en lo más importante para ti. Tu vida y tus resultados nunca serán iguales a partir de hoy si te disciplinas.

Ahora te presento las preguntas que debes hacerte antes de ir a dormir:

Rito: Preguntas nocturnas por 21 días

"Dentro de veinte años estarás más arrepentido de lo que no hiciste, que de lo que sí hiciste. Libera tus amarras"

1) ¿Qué he dado hoy? ¿En qué forma contribuí?
2) ¿Qué aprendí hoy?
3) ¿Cómo ha mejorado hoy mi calidad de vida? ¿Cómo debo usar lo que hice hoy para mejorar en el futuro?
4) ¿Me amo y me acepto más que ayer?
5) ¿Doy gracias a la vida por esta oportunidad?
6) ¿Qué debo mejorar? ¿Qué haré distinto?
7) ¿Qué logré hoy? ¿De qué estoy feliz?

Estas preguntas debes hacértelas antes de dormir durante 21 días, puedes poner otras que a ti te interesen y te motiven; también escríbelas en un cuaderno, léelas varias veces y pronto verás cómo tu vida cambia. Si lo haces con disciplina, te aseguro que modificará para siempre los resultados de tu vida, ya que iniciarás tu próximo día con una mentalidad ganadora. Habrás cambiado tus malos hábitos por unos nuevos que cambiarán tu vida. A partir del momento en que inicies este rito en tu vida, tendrá en ti mayor sentido y propósito salir a trabajar diariamente.

"Si vences tus hábitos, te harás invencible."

JACK CANFIEL

El poder de la visualización

"El secreto de los triunfadores es vivir anticipadamente"

Si realmente estás comprometido en alcanzar tus metas, necesitas trabajar en tus hábitos. Para esto debes ejercitar en tu mente la

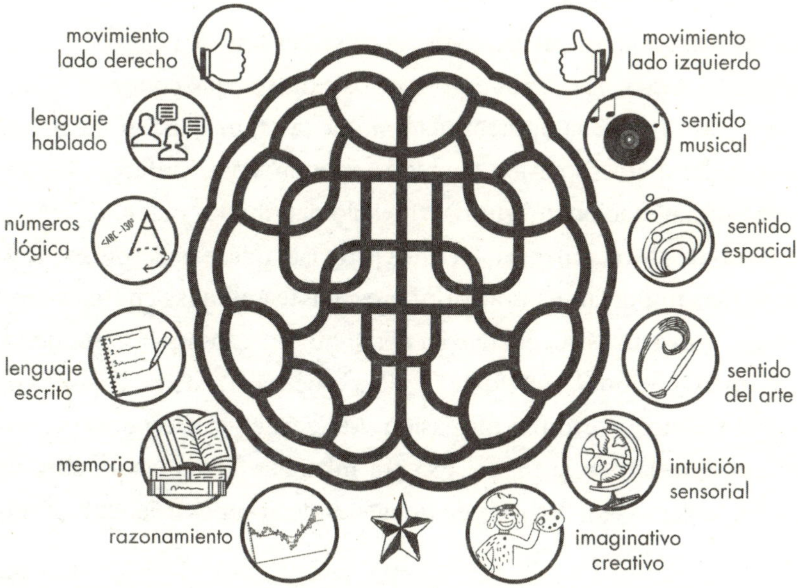

visualización de los hábitos que quieres cambiar, ya que ésta es el mejor instrumento para vivir anticipadamente tus éxitos. Debes hacer uso del talento que naturalmente posee tu mente, que es el poder de la imaginación que se desarrolla en el hemisferio frontal derecho de tu cerebro, que está arriba de tu ojo derecho.

A mí me gusta mucho el automovilismo y siempre he visto que parte de la rutina del entrenamiento de un piloto de Fórmula 1 es cerrar los ojos, imaginarse la pista, definir qué movimientos debe hacer para tomar cada una de las curvas y programar en su mente la aceleración y el cambio de velocidad de su auto. Esta programación mental de un piloto le permite tomar las curvas a la perfección, porque ya están grabadas en su mente y obtiene lo mejor de su desempeño.

Triunfar no sólo se trata de tener una actitud positiva o de echarle ganas, debes crear tu imagen para programar tu mente hacia el éxito. Debes construir en tu mente el hábito de triunfar. Pero para que surja tu imaginación necesitas tener una enorme motivación interna que te empuje al límite del riesgo. La razón es que nuestra inteligencia se deja influir por nuestra forma habitual de ser y te dirá que no cambies, te llevará a no cambiar porque existe un riesgo innecesario para la inteligencia cotidiana de la mente. El riesgo es hijo de la pasión, no de la lógica. La mayoría de los empresarios exitosos que conozco se lanzaron al abismo de la oportunidad, no de la seguridad. Su mente los hacía dudar, pero su pasión los hizo arriesgarse y triunfaron. De ahí surge tu imaginación de triunfar, no sólo del mundo racional.

Arnold Schwarzenegger, en una entrevista que le hicieron, expresó que lo más importante para triunfar es que te enfoques en una visión y de ahí construyas tus metas. La gente no es exitosa por casualidad, ésas son excepciones. "Olvídate de ellos", dice él. "Yo tenía la visión de ser Mr. Olimpia y eso fue mi pasión. Me veía en el escenario ganando, con el trofeo en la mano. Ésa era mi meta. Tenía las paredes de mi cuarto llenas con recortes de imágenes de grandes fisicoculturistas y de triunfadores que me motivaban. Por eso siempre sonreía, porque sabía lo que quería. Me transformé en un fanático por el gimnasio porque sabía hacia dónde iba y eso me creó un sentido de urgencia y compromiso. Esto lo he usado en mi desarrollo físico, en mis películas y en política". Te aconsejo que tengas metas claras específicas y des la vida por ellas. De ahora en adelante prográmate día tras día para triunfar con este recurso que tu mente tiene a tu disposición, para concentrar tu energía y talento. Ten una imagen de tu propósito porque el secreto es: ¡enfoque, enfoque, enfoque!

Para ello debes seguir algunos pasos que podrán ayudarte a cambiar tus hábitos y lograr las metas que te has trazado.

Pasos:

1) Describe lo que quieres

Escribe claramente la meta que quieres. Debes visualizarte como si ya estuvieras disfrutando de los beneficios de tu meta. Si es dinero, define qué estarías haciendo con él. Si es tu propio negocio, cómo sería. Si estás cerrando una negociación, cómo lo harías. Debes aprender a verte viviendo lo que deseas. Es necesario que te veas integrado con tus metas y visualizarlas estando en control de ellas. Necesitas vivirlas anticipadamente para que tu mente y tu cuerpo estén motivados para ganar.

2) Describe cómo te sientes con esa visualización

¿Cómo te sentirías alcanzando tu meta? ¿Serías más feliz, más seguro, orgulloso de ti? ¿Te sentirías triunfador, una persona de éxito y realizada? ¿Qué sientes de haber llegado a tu meta? Esta introspección te ayudará a verte a ti mismo y decirte: "Aquí estoy disfrutando de mi éxito, conquistando lo que más he anhelado en mi vida", "Aquí estoy trabajando en lo que realmente quiero". Te garantizo que en los próximos dos años cambiará tu vida para siempre.

3) Reflexiones diarias

Todas las mañanas debes leer tus metas, verte como si ya hubieras llegado y experimentar la sensación de logro, sintiendo el éxito en tus manos. Debes ser perseverante para enfocar tu energía y explotar tu enorme potencial a través de esta programación. Cuando hagas esto estarás entrenando a tu mente para que tenga el hábito de triunfar. Para tu mente no hay ninguna diferencia entre que ese evento haya sucedido o que el evento te lo imagines fervientemente. La motivación estará en ti, la emoción de tu avance quedará registrada. Tu mente comenzará a creer en lo que tú ves y sientes.

Si desde hoy comenzaras a amanecer diariamente, leyendo y ejercitando tu visualización, si cada mañana iniciaras el día con estas afirmaciones, si cada noche ejercitaras la revisión de tu día, empoderarías la mente para que siga trabajando para ti, aun en su etapa de reposo. Te visualizarás como una persona revitalizada, ganadora, con más confianza.

Diversos estudios confirman que cuanto más lo visualices, más aumentan tus destrezas para alcanzar tus metas. Tu cuerpo se prepara para la conquista. Tu confianza aumentará y tus habilidades comenzarán a crecer en ti, sólo porque confías en ti. Te convertirás en una persona más segura, porque con esta nueva forma de visualizar tus metas te sentirás con la suficiente fuerza para actuar, pues el hábito ya está instalado. Será tu nueva forma natural de ser, porque tu mente así lo recibe. Te rodearás de gente con tu misma energía para que te ayude a lograr tu propósito.

A partir de hoy, como todas las mañanas, sal con una idea en mente. Todo tu cuerpo estará lleno de energía porque estarás enfocado en tus metas y en tu propósito. Sabrás anticipadamente cómo se siente vivir el nivel económico que siempre visualizaste, tener la casa que anhelabas o ser la persona feliz que siempre soñaste. Te invito a que ejercites el poder de la visualización para hacer realidad tus metas reprogramando tu mente. Más adelante profundizaremos en el tema de metas.

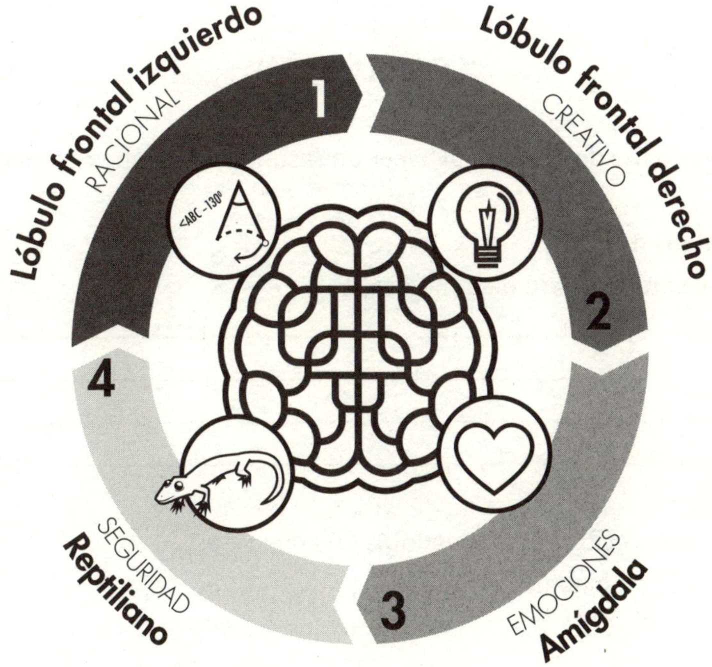

PREGÚNTALE A TU MENTE 4:

¿Qué cambios considero que son urgentes en mi vida?
¿Me siento seguro de cómo soy hoy?

¿Qué impacto han tenido mis hábitos en mi forma de actuar?
¿Qué daños me han ocasionado?

¿Qué conductas deseo erradicar para que no me limiten?
¿Qué nuevos hábitos quiero construir en mi vida?

¿Qué hábitos están afectando los resultados en mi vida?
¿Qué consecuencias han tenido esos hábitos en mí?

CONCLUSIÓN

¿De qué me doy cuenta al hacer un resumen de lo que respondí?

CAMBIO 4

¿Qué cambios haré de inmediato?

____

____

____

____

Si deseas recibir estas preguntas en línea ve a:
https://borghino.mx/arriesgate

CAPÍTULO 5

CREENCIAS: UNA MEMORIA RECICLADA

"La vida no es sólo encontrarse a uno mismo. Se trata de construirse a uno mismo"

Ya no arrastres tu pasado, vive tu vida

"Eres el alquimista de tu vida"

Todos somos responsables de construir nuestro proyecto de vida, y para ello debemos ser verdaderos alquimistas. Debes integrar un conjunto de creencias que te impulsen hacia lo que en realidad quieres. Recuerda que tienes un mundo a tu disposición para que tu vida se realice, es decir, la tierra se transforma en el medio en el cual transcurrirá tu vida. A ella no le importa lo que tú quieres, ella te da a ti y a los casi 7 530 millones de personas la oportunidad de crearla. La tierra no tiene nada especial para ti, pero tú sí tienes algo especial para ella porque te construyes en ella. El sol sale y se oculta para todos por igual, no hace diferencia contigo. Pero si tienes claro lo que quieres mientras transites por esta vida podrás ser feliz, ya que vivirás sólo en un pequeño poblado o ciudad, donde estará tu hogar, mientras construyes el nido de tu proyecto.

- ¿Quieres ser feliz?
- ¿Quieres disfrutar de una familia unida?
- ¿Quieres obtener un mejor empleo?
- ¿Quieres ganar más dinero?
- ¿Quieres tener el éxito que siempre anhelaste?
- ¿Quieres tener una pareja?
- ¿Quieres tener una mejor condición física?

Para lograr tus metas primero debes construir una imagen mental de todas ellas, como ya vimos en el capítulo anterior. Toda creación física está precedida por una creación mental. Te corresponde construir lo que siempre has querido.

TODA CREENCIA ES UNA VERDAD QUE YACE EN TU MENTE
CADA PERSONA ES LO QUE HACE, LO QUE HICIERON DE ELLA, YA QUE NUESTRAS ACCIONES DETERMINAN LO QUE SOMOS.

Pregúntate:

- ¿Cómo veo mi vida?
- ¿Cuán feliz estoy con la vida que he tenido?
- ¿Cuán realizado me siento?
- ¿Qué hago viviendo en este mundo?

Lo importante a tomar en cuenta es que las respuestas a estas preguntas desenmascaran tus creencias. Si contestas con toda franqueza, tal vez descubrirás que detrás de la máscara de la creencia se escondían cosas que no te habías atrevido a enfrentar.

Las creencias son la materia con que está constituida la realidad en la que vives, y la realidad nos confirma su existencia. Esas creencias fueron arraigadas a través de hábitos de pensamiento que has repetido cientos de veces, entonces las creencias no son ideas sino verdades absolutas sólo para ti. De esta manera, las creencias focalizarán tu energía en lo que crees que eres. Las aprendiste mediante los eventos que enfrentaste durante todos estos años, principalmente en los de tu infancia. Pero tenemos la cualidad de que cuando cambiamos la forma de ver algo, ese algo también cambia. Significa que si cambiamos la manera de ver nuestra vida, ésta también dará un giro.

Las creencias nos adoctrinan y nos transforman en la persona que originalmente no somos. No nacimos con ellas, por el contrario, nos fueron moldeando la personalidad. Nos envuelven en un cúmulo de emociones y de historias que nos impiden vivir como somos. El pasado ahoga el presente con imágenes de aflicción o incertidumbre y nos transformamos en personas distintas a aquello que éramos el día que nacimos. Fueron las creencias las que modificaron nuestro ser auténtico, y terminamos convirtiéndonos en lo que ellas dictan que somos.

La sombra de tu vida

"Descubre el lado oscuro que limita tu ser"

Cuando emprendemos un proyecto personal o profesional tenemos que estar conscientes de que debemos vencer al más duro adversario que tendremos en el camino. Éste es intimidante, porque te conoce perfectamente, conoce todas tus creencias limitantes, tus miedos, tus hábitos. Ese adversario eres tú, pero no el tú original, sino aquel que se fue construyendo con el tiempo y que está grabado en tu inconsciente.

Todas las decisiones, todo aquello que hacemos o dejamos de hacer está influido por nuestras emociones, que como ya sabes provienen de su almacén, que es tu amígdala. La mayoría de las emociones que surgen están condicionadas por nuestras creencias.

Las creencias tienen la capacidad de alterar las percepciones, porque están cargadas de emociones. Las distorsionan, más aún si están cargadas de temor. Si tienes creencias positivas, éstas te impulsarán al éxito, pero si tienes creencias limitantes, te frenarán. Debes luchar contra ti mismo y reeducar tu mente.

El recurso más importante para lograr el cambio de tus paradigmas y creencias son tus acciones. Decía Eduardo Galeano, escritor uruguayo: "Somos lo que hacemos para cambiar lo que somos". Las acciones son el instrumento que tenemos para reeducar la mente y liberarla de las ataduras del pasado. No olvides que cuando actúas vas cambiando tu ser, vas modificando tu forma de pensar.

Recuerda que el ser humano es una unidad: biológica, psicológica y social. Es decir, eres lo que aprendiste en tus primeros años, el medio ambiente donde te desarrollaste, los aprendizajes de la vida y sus tropiezos en etapas tempranas y lo que tu mente interpretó de esos eventos en conjunto. Por eso tú no eres ese que dices, sino que aprendiste a ser así.

Dice una historia africana que un campesino un día se encontró con un león recién nacido desnutrido, lo llevó a su campo y lo puso junto al rebaño de ovejas. Ahí se fue criando, y con el tiempo el león aprendió a balar como ovejas y se comportaba como tal. Hasta que un día se acercó otro león al rebaño y se enfrentó cara a cara con el león del rebaño; el primero lanzó un rugido estruendoso, mientras que el otro león baló como oveja asustado y corrió porque eso fue lo que aprendió.

El mensaje de esta historia es que tú no eres tus creencias. Tienes que aprender qué historias te transformaron en la persona que eres hoy. Necesitas luchar con tu sombra para vencer lo que dices que eres y que no deseas. La sombra es aquello que está en tu inconsciente que no eres tú y que te persigue toda la vida hasta el día en que lo enfrentas, es tu lado oscuro que debes erradicar.

El médico psiquiatra suizo Carl Gustav Jung lo define como sombra, que es el aspecto inconsciente de tu personalidad que no te das cuenta que tienes. Sin embargo, necesitas hacerte consciente de la oscuridad que hay en tu ser, descubrirla para que ya no te limite. Por ello es tan importante trabajar en ti para conocerte.

La ventaja del ser humano es que todo lo que ha aprendido puede cambiarlo. Pocos tienen conciencia de ello, y en consecuencia nunca cambian y se quedan sellados por el resto de su vida sin saber quiénes eran.

Desde que nacemos comenzamos a crear un sistema de creencias que nos dice de qué manera debemos comportarnos, qué debemos hacer y qué no. Muchas de ellas son el lado oscuro de tu vida que no te dejan ser tú mismo.

Con mucha frecuencia he escuchado en mis asesorías a gente que cree que no puede ser un gran triunfador o que nunca llegará a acumular grandes riquezas. No se dan cuenta de que eso es un reflejo de lo que vivieron en su hogar.

Hay emprendedores que muestran lo contrario, rompieron con esas ataduras y se transformaron en verdaderos triunfadores, como Arnold Schwarzenegger, quien emigró a Estados Unidos y comenzó limpiando gimnasios, y después trabajó en construcción antes de triunfar. Lo mismo sucedió con Jack Ma, fundador de Alibaba, quien hoy es el hombre más rico de China, habiendo iniciado como profesor de inglés en una comunidad rural de su pueblo natal. También tenemos la extraordinaria historia de Lacshmi Mittal, conocido como el rey del acero, fundador de la industria acerera más grande del mundo. Mittal nació en una comunidad rural de la India, donde el modo de subsistencia de la familia era la venta de algunos chivos y ovejas. Hoy tiene un capital superior a 16 mil millones de dólares. Te invito a que leas sus historias para que te convenzas de que ni tu educación, ni dónde naciste, ni el medio ambiente donde te criaste son barreras que no puedas franquear. Hay personas con tal actitud de triunfo que cuando el entorno les tira piedras ellas construyen catedrales. Detrás de cada persona valiente, con decisión, hay una historia que la hirió pero fortaleció su carácter, y así puedes ser tú.

Si hoy vas leyendo este libro por ejemplo en el metro, saturado de miles de personas, podrás pensar que no es posible tener todo lo que quieres, pero te sorprendería saber que eso está a la vuelta de la esquina si cambias tu forma de ver tu poder interior, el cual está ahí esperándote, pero debes descubrirlo.

Tu historia no determina tu futuro si tú no se lo permites. Todo se logra si no te dejas vencer por tu mente, pero debes obligarla a operar como tú quieres. Enfréntala, véncela si tienes creencias limitantes. Sé tú, no tus creencias. Vence tu sombra, tu lado oscuro que quiere engañarte y hacerte vivir como la persona que no eres. No debes balar como oveja si eres león.

No somos producto de nuestra inteligencia: somos producto de nuestros hábitos. La complejidad surge porque nuestros hábitos son imperceptibles y no sabemos que los tenemos hasta que los vivamos conscientemente, trabajemos en nuestro ser, sepamos quiénes somos y comencemos a rugir ahora sí como leones.

¿Cómo vences esas creencias? Primero debes comprender que son hechos que aparentan ser realidad, pero no lo son, los incorporaste. Los seres humanos creemos más en la imagen de nuestra historia que en la realidad. Vivimos sólo con una pequeña porción de nuestro potencial. Como dice el autor Joe Dispensa, usamos sólo 5% de nuestra mente. Para eliminar esa definición, debes identificar el origen de esa creencia preguntándote: "¿De qué me protege esa creencia?", "¿Qué no quiere que sienta?", "¿Qué dolor no quiere sentir mi mente de nuevo?", "¿Qué esconde esa creencia que no quiero que nadie se entere?", "¿A qué le tengo miedo?". Las creencias no te dejan explotar el cien por ciento de tu potencial, vives a media máquina, como si no fueras el mejor.

Una cosa es cómo vives y otra cómo fuiste llamado a ser. Como decía mi amigo Heiky Lampala, tienes el Mercedes Benz en el garaje, pero sales a trabajar en una bicicleta destartalada en tu mente, llena de creencias aprendidas.

A partir de hoy debes preguntarte si la realidad es tal cual como te lo dicta tu mente. Identifica qué temores te dispara la amígdala y de qué te quiere proteger el cerebro reptiliano (que es tu protector ante amenazas). No actúes a medias, vive y saca a relucir el diamante que existe dentro de ti. Ése es tu origen, con él naciste. Pregúntate: "¿Qué interpretación le da mi mente a la incertidumbre, a lo desconocido, al riesgo, a la aventura, a mi autoestima y a mi inteligencia como persona?", "¿Qué te dice esa vocecita interior que es tu mente cargada de creencias limitantes?".

Es muy probable que tus amigos, tu familia, tu pareja o tus padres vean el talento que tú no ves en ti, porque vives dentro de la creencia. Usas unos lentes con una graduación que distorsiona tu realidad, pues tienen un aumento calibrado sólo para ti. Si otra persona usara esos lentes no podría ver la realidad que tú ves, ya que las creencias son sólo tuyas y de nadie más, están dentro de ti.

Tú eres el Miguel Ángel que debe descubrir su obra majestuosa, como el *David*. Debes quitarte lo que te sobra (tus creencias) y que no te permite ver el *David* que existe en ti. Eres una obra monumental, pero no es fácil salir de esa autoimagen si has experimentado en tus años jóvenes mucho dolor, pobreza, carencias o fracasos, pero recuerda: eres un ser superior que vive en un cuerpo. Tú puedes marcar el camino y construir tu sendero para llegar al destino que te has marcado.

A veces pienso que si nos golpeáramos la cabeza y perdiéramos la memoria todas las creencias negativas desaparecerían en un abrir y cerrar de ojos. Necesitas ser un líder de tu vida para superar los temores, incertidumbre y ansiedad por lo desconocido. Atrévete a conducir el Mercedes Benz y a tirar a la basura esa bicicleta que ya no sirve.

La cárcel de las creencias

"Pensar es difícil, por eso la mayoría de la gente juzga"

En el Vaticano, Miguel Ángel pintó en la cúpula de la Capilla Sixtina la imagen de una persona detrás de unas rejas donde la cerradura de la celda se abre sólo por dentro, y el preso lleva las llaves en la mano. Se refiere a la cárcel psicológica que nos imponemos por nuestra programación histórica. Tú mismo pusiste la trampa con la interpretación que les diste a tus experiencias de vida, construiste a tu alrededor una jaula llena de historias de dolor y confusión que hoy no te dejan decidir con claridad. Has construido muros con barrotes psicológicos para protegerte del dolor que lleva tu ser. Vives en conflicto interno.

Los barrotes te ayudan a no sufrir, pero también limitan tu escape a pesar de tener las llaves en la mano. La protección que creaste por tu dolor o tus miedos ahora no te deja ser tú. Quieres vivir distinto, pero no puedes arriesgarte, las creencias no te dejan. El conflicto está en que tu vida interior no está conforme con la vida que llevas.

El ser humano no ha sido entrenado para trabajar en su ser, sino que ha trabajado siempre en su hacer del mundo exterior. De nosotros no sabemos nada. Nos subimos a la montaña rusa del trabajo, de la vida familiar y social y ahí vamos por la vida, aunque no nos gusten la montaña ni el carrito que elegimos. O piensa por un instante que eres una computadora cargada con información, pero resulta que ahora no te gustan los resultados que te presenta la pantalla de tu ordenador. Tu computadora no está equivocada, el problema es la información con la que cargaste el programa. Tú sigues siendo el ser más inteligente de esta tierra, tienes la supercomputadora que hasta hoy nadie ha podido igualar, pero la información que traes no te deja ser. (Tú eres la computadora; la mente, tu programa; la información con que cargaron la computadora y tu vida hoy es lo que ves en la pantalla.)

Ése es el secreto por resolver: tú tienes la llave de tu realización. Puedes salir del lodo psicológico para finalmente llamar a las cosas por su nombre. Debes salir del lado oscuro de tu vida, debes desechar la mochila de los recuerdos. Abandónala y comienza tu nueva vida. ¡Tú decides! ¡Tienes la llave en la mano!

¿Cómo se construyen tus creencias?

"Lleva tu vida a un nuevo nivel cambiando tus creencias limitantes"

"Cuando cambias tus creencias cambias tu biología", dice el doctor Bruce Lipton, genio biólogo, investigador de vanguardia, autor del libro *La biología de la creencia* y creador del concepto de *epigenética*, que se refiere a la influencia del medio en nuestro comportamiento celular. Las células —sostiene el doctor Lipton— no sólo son un mecanismo de vida, sino también sirven para almacenar información y, en consecuencia, contienen todas nuestras experiencias. La información del medio nos influye poderosamente, explica el biólogo, ya que ella pasa por nuestros poros para introducirse en la médula espinal, hasta llegar al cerebro límbico donde está la amígdala, que como sabes almacena las emociones; de ahí la información se transmite a los músculos con el propósito de que realicen algún movimiento o alguna acción.

Según la teoría de Lipton, nuestro cuerpo es como una cooperativa de 5 000 millones de células que funcionan de manera ordenada para que podamos vivir. Afirma en su libro: "Si cambio mis creencias cambio mi salud". Con el objetivo de comprobarlo, realizó un singular experimento con una paciente que tenía un problema en la rodilla. El doctor siguió todos los protocolos requeridos en el hospital para preparar a la paciente para operarla. La llevaron al quirófano, la durmieron y luego la pasaron al área de recuperación. Varias semanas después la mujer se recuperó por completo, pero en realidad nunca fue operada de la rodilla; ella jamás se enteró. Se trató sin duda del efecto placebo que procede de la información de nuestras células. Lo que nos enseña este caso es que la mente es un arma poderosa, que nos sirve igual para curarnos, como también para triunfar o para fracasar, incluso enfermarnos. Tú decides.

La teoría y la experiencia de Lipton revelan que las creencias positivas o negativas son muy poderosas. Aplicadas a tu vida debes considerar que si crees que no puedes, tu mente te lo confirmará y no podrás.

Deepak Chopra, el famoso médico, maestro espiritual y autor de múltiples libros, describió el caso de un amigo cercano que supuestamente murió de cáncer pulmonar. En una radiografía que le habían tomado apareció en uno de sus pulmones una mancha. Cuando se lo comunicaron, el amigo lo asoció con un cáncer y en pocos meses murió. "En realidad, luego descubrí que no tenía nada —explica Chopra—, pero su creencia fue la que desarrolló el cáncer en su cuerpo." La evidencia fue que encontraron otra radiografía del mismo paciente que databa de cinco años antes, en la cual aparecía la misma mancha, sólo que en aquel momento los doctores no comentaron nada porque sabían que no se trataba de cáncer.

Hace algunos años se llevó a cabo otro experimento en 40 mujeres con cáncer de mama, a quienes el médico les dijo que el tratamiento de quimioterapia las dejaría calvas. Sólo a 20 de ellas se les aplicó el tratamiento real, a las otras les dieron nada más un placebo, pero la prueba arrojó que 60% de las que no recibieron quimioterapia sin saberlo también perdieron el pelo.

Podría continuar con casos, hay cientos de ellos, que nos confirman que si cambia la percepción, cambia la programación y el cuerpo se alinea para cumplir con el mandato de la mente. Ante esta evidencia, pregúntate: "¿Puede una persona programarse inconscientemente para fracasar?". La respuesta es: ¡Sí, por supuesto! Y también puede programarse para morir, como lo demuestran infinidad de enfermos no terminales que carecían del deseo de vivir y pudo más su decisión y fallecieron. Traslada estos ejemplos a tu vida e imagina el enorme poder que tiene una creencia en tu mente para conseguir tus metas de vida.

Los médicos de mi abuela decían que debía haber fallecido hacía tiempo, pero no se explicaban por qué seguía viva. Yo estaba fuera del país en ese entonces y tardé un mes en llegar. Cuando la vi, su alegría fue enorme. Le regalé una medalla de la virgen de Guadalupe que sostuvo en su mano todo el tiempo. Dos semanas después falleció. Los médicos atribuyeron su presencia a su deseo de verme antes de partir. Habrás escuchado evidencias como éstas que comprueban que tu mente gobierna sobre tu cuerpo.

De nuevo la gran pregunta es: ¿En dónde pones tu atención, en creencias negativas o positivas? Lo más probable es que contestes que en las positivas, y está bien, pero resulta que las creencias negativas son imperceptibles, muy difíciles de detectar. Puede decirse que son como aquel famoso personaje de la serie de televisión *El fugitivo*: cuando las quieres enfrentar se esconden y se hacen invisibles.

Al preguntarle a mucha gente por qué se siente deprimida, contesta que no sabe; pero en realidad sí sabe, pues la mente opera de manera inteligente y oculta las razones de la tristeza para no sufrir más.

Si no trabajas en erradicar las creencias negativas e invisibles será como el cuento de nunca acabar. Si de una vez por todas las confrontas y las miras a los ojos, todo cambiará para ti.

Pregúntate:

- ¿Qué experiencia repetitiva tengo que no me ha permitido avanzar en la vida?

- ¿Qué creencia existe detrás de esta experiencia que no me deja decidir?
- ¿Qué me repito siempre sobre las cosas que van mal en mi vida personal o profesional?
- ¿Qué creencia existe detrás de las cosas que me digo cada vez que fracaso?
- ¿Qué siento dentro de mí al tener estas creencias?

Las creencias curan o te enferman

"Yo no soy el mismo que hace"

El problema radica en que: *A toda situación que registra nuestra mente le damos una interpretación: es precisamente en ese momento cuando ésta se transforma en creencia.* Y es que la mente siempre gobierna sobre el cuerpo, de tal forma que somos capaces de desarrollar creencias que nos curan o nos enferman, o también que nos conducen al éxito o al fracaso más profundo.

Cuando uno focaliza la mente en una creencia determinada, ésta se transforma en una máquina con un poder infinito. Se parece a una bacteria que se come todo lo que encuentra en su camino. Nuestra energía interior es cien veces más poderosa que una droga, a tal punto que muchas personas que no pueden recibir anestesia son programadas con procedimientos psíquicos para no sentir el dolor durante una operación. Podemos deducir que cuando cambia tu percepción, tu vida también lo hace.

Como ya ha sido demostrado, *somos las únicas criaturas capaces de transformar nuestra biología mediante lo que pensamos*. Continuamente tus células están observando lo que piensas o sientes, y eso afecta a tu cuerpo para bien o para mal. Son las células las que procesan tus experiencias de acuerdo con tu punto de vista de la vida. Por ello, tú eres lo que piensas, ya que tus células se cargan de pensamientos y sentimientos y eso transforma tu biología.

Las experiencias dolorosas que hemos tenido en el pasado se registran y se transforman en verdades imposibles de negar, porque están grabadas químicamente en las células de nuestro cerebro. Entonces el cuerpo, que es perfecto, crea coherencia entre lo que la persona piensa y lo que hace. Si crees que vas a estar bien, entonces el cerebro genera neuroquímicos que te mantendrán sano; pero en otras condiciones esos mismos elementos pueden matarte. No olvides que si cambia tu percepción, también cambia tu química orgánica.

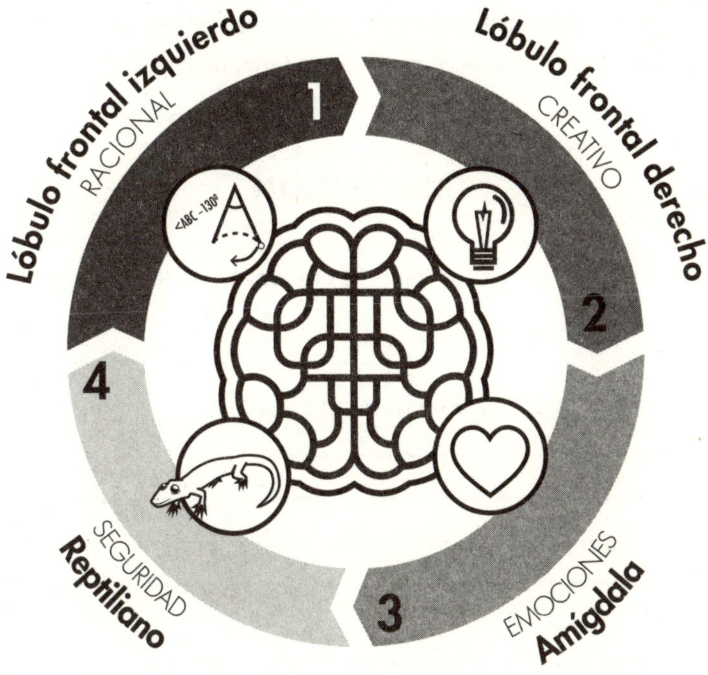

PREGÚNTALE A TU MENTE 5:

¿Vivo con historias de vida que me limitan? ¿Cuáles son?
¿Qué habilidad tenía de niño que hoy puede ser mi fortaleza?

¿Qué creencias tengo que pueden estar limitando mi futuro?
¿Si no transformo mi pensamiento que sucederá con mi vida?

¿De qué estoy arrepentido que pocos saben?
¿Qué me recrimino por no haber hecho en mi vida?

¿Salgo a trabajar con mente de bicicleta o de Mercedes Benz?
¿Qué creencias se han transformado en mi cárcel?

CONCLUSIÓN

¿De qué me doy cuenta al hacer un resumen de lo que respondí?

CAMBIO 4
¿Qué cambiaré de mi vida a partir de hoy?

Si deseas recibir estas preguntas en línea ve a:
https://borghino.mx/arriesgate

CAPÍTULO 6

EL PODER DE LAS CREENCIAS

"La mayoría de las personas vive haciendo cosas que no le gustan"

La tabla rasa

"Todas las personas tienen la capacidad de transformarse a sí mismas"

Cuando nacemos, los seres humanos —dicen los psicólogos— estamos en blanco, sin ningún programa predeterminado. A esta condición en la que nacemos la llaman tabla rasa, un término acuñado por el filósofo inglés John Locke, aunque ya había sido usado por Aristóteles 2000 años antes. Esta expresión hace referencia a que cada persona nace con la mente sin información, es decir, que todos los conocimientos y habilidades de un ser humano son producto del aprendizaje. Nacemos sin información que nos limite, somos entonces una mente en blanco.

Uno nace en blanco y después empiezan a aparecer las creencias que se van acumulando a través de las experiencias con los padres, la familia, la vida social, la escuela, el medio ambiente. Es a todos ellos a los que se les llama *maestros sociales,* responsables de grabar en nuestra mente lo que hoy somos. Y así vivimos toda la vida con ideas adquiridas, con historias que sucedieron y que van acumulando emociones que se integran a través de las experiencias.

¿Cómo llegamos a ser quienes somos?

"Felices son aquellos que tienen un sueño y están dispuestos
a pagar el precio para hacerlo realidad"

Heiky Lampala, de quien ya te hablé en capítulos anteriores, sostiene que los seres humanos luchamos para ser mejores, pero esa lucha la realizamos sólo para quitarnos de encima todo lo que nos hace "sentirnos" menos. Dice que nosotros constituimos los mejores seres de la existencia, ya que somos los seres superiores que habitamos la tierra, sin defecto original alguno. Formamos la élite de los seres vivos, y aunque ya somos muy buenos, queremos ser mejores. Y refuerza: "¡Qué más quieres para ti! ¡Tienes todo!".

El problema, asevera Lampala, es que con los años aprendemos a ser menos. Es decir, las experiencias de vida moldean nuestra forma de ser y nuestra mente aprende a través de las creencias que vamos incorporando con los años. Éramos mejores al inicio, pero con el tiempo aprendemos que no podemos con todo. Ya no nos arriesgamos como antes, dudamos de nosotros, postergamos decisiones y tenemos una falsa imagen de nosotros. Para sustentar su punto, sostiene que cuando fuimos bebés éramos muy buenos luchadores; no sabíamos caminar, pero aprendimos, nos caíamos muchas veces hasta que caminábamos; nunca nos rendimos, aun si durante el proceso nos lastimábamos. No sabíamos hablar y a fuerza de insistir, de perseverar, aprendimos a hacerlo. Éramos muy obstinados con lo que queríamos, nada nos detenía, librábamos cualquier obstáculo para lograr nuestros propósitos.

Según Lampala, tenemos en nuestra naturaleza la capacidad para luchar contra la adversidad sin darnos por vencidos. Estamos constituidos física y neurológicamente para sobrevivir a la adversidad; lo hemos hecho durante millones años. Pero no bien acumulamos años, aprendemos que, cuando fallamos, "fracasamos"; es así como lo leemos y vivimos con ese aprendizaje toda la vida.

Por todo esto Lampala finaliza su gran mensaje explicando que si los bebés pensaran como las personas mayores, se arrastrarían toda su vida; nunca hubieran aprendido a caminar, porque cada vez que se cayeran dirían: "Soy un fracasado, siempre me va mal", "Siempre me pasa lo mismo". Y eso no sucede en su mente. Nos demuestra que tenemos madera de triunfadores; lo somos de origen, pero luego, al crecer, aprendemos que no es así y se inicia nuestro penoso peregrinaje por la vida, impregnado de dudas acerca de nuestra capacidad.

Siguiendo el mensaje de Heiky, me pregunto: ¿Cuántas metas tenemos en la vida que no hemos logrado alcanzar por seguir arrastrándonos por el suelo? ¿Cuántas personas arrastran su personalidad, su carácter, sus anhelos de vida y, peor aún, arrastran consigo a sus seres queridos? Ten en cuenta el mensaje de Lampala: "Aprendimos a ser menos, a intentar menos y con ello perdimos el carácter triunfador".

Pregúntate:

- ¿Vivo la vida que quiero o mi vida real va por la acera de enfrente, mirando cómo existo?
- ¿Es mi vida congruente con lo que anhelo?
- ¿Soy la persona que siempre he querido ser?
- ¿Realmente yo soy yo? ¿Mi vida y mis anhelos son iguales siempre?
- ¿Qué forma de pensar siento que hay detrás de mis respuestas que ahora puedo identificar? ¿Qué historia de mi vida construyeron esas creencias? ¿Qué experiencias en mi vida constituyeron esa forma de pensar? ¿Cómo me siento con ella?

- ¿Qué ejemplos me dicen que es verdad esa creencia que encuentro en mí?
- ¿Qué dolor me produce mi forma de actuar? ¿Qué sentimientos me surgen cuando veo en mí esas conductas? ¿Qué me he perdido de la vida por mis creencias?

Da vuelta a la página y sé tú

"Cuando Beethoven descubrió quién era, encontró su razón de ser y escribió la Oda a la Alegría, obra magna"

Debes retomar el camino de la persona natural que un día nació sin adoctrinamientos. El día que asumas la responsabilidad de ser tú mismo comenzarás a ser responsable de lo que te sucede y de lo que no. Te sentarás al volante manejando tu destino. Ya no revivirás un evento que pasó y que hoy no existe. Darás vuelta a la página y podrás vivir por fin en el nivel que tienes de origen. Comenzarás a abandonar la actitud de postergación para evitar el dolor. Ya no construirás tu vida con justificaciones o explicaciones acerca de por qué no haces. Vivirás con una energía inimaginable que proviene del poder interior que se genera cuando crees en ti mismo.

La transformación comienza cuando adquieres plena conciencia de que *ése no soy yo* y que *ésas son sólo mis creencias.* No olvides que 95% de nuestras conductas es inconsciente. *Sé consciente de lo que no quieres y elimínalo de raíz.*

Deberás tomar conciencia de que todo fue orquestado para que vivieras. Nada estará mal cuando te reconectes con tu origen, con tu verdadero ser, sin historias, viviendo más consciente de tu realidad. Finalmente despertará el gigante dormido, y asumirás el riesgo de dar el salto hacia una nueva dimensión de vida que se hará realidad.

Pregúntate:

- ¿Cuál es mi actuación? ¿Qué historia estoy interpretando?
- ¿Qué creencia habrá en el fondo como para actuar de esa forma y no ser yo mismo?
- ¿Cómo sé que es verdad esa creencia que tengo? ¿Con qué evidencias cuento?
- ¿Qué persona quiero ser en el fondo?
- ¿Cómo me siento al hacerme estas preguntas?
- ¿Cuál será mi cambio a partir de hoy?

El mensaje de Miguel Ángel

"Vivir es haberte encontrado a ti mismo y disfrutarlo en armonía"

Al gran Miguel Ángel le pidieron explicar cómo pudo concebir una escultura tan perfecta como el *David* (1504), que se encuentra en la ciudad de Florencia. Dijo así: "El *David* ya estaba dentro de la piedra, yo sólo le quité lo que le sobraba". ¡La imagen siempre estuvo dentro! Sólo un genio pudo haber contestado de forma tan humilde y sabia. Continuando con esta reflexión, puedo decirte que cuando uno le quita lo que le sobra a la vida, eliminando los condicionamientos negativos e historias, se vislumbra la luz del gigante dormido que hay dentro de ti y surge así el *David* de tu existencia.

Es posible ver la belleza de tu vida y el poder infinito de tu ser si te enfocas en lo que eres y no en cargar con lo que *no eres*. Este mensaje de Miguel Ángel nos recuerda que todos estamos constituidos con los recursos de la genialidad, sólo debemos quitarnos aquello que no agrega valor a nuestra vida y descubrir el *David* que vive en nuestro interior.

¿Cómo cambio mis creencias?

"Las creencias son difíciles de erradicar, aunque sean demostrablemente falsas"

A continuación te comparto un ejercicio que aprendí en un retiro en el que participé hace varios años; dicha práctica hizo posible que erradicara ciertas creencias y así logré cambiar mi vida.

El autor de este modelo es el extraordinario pensador Harry Palmer, quien fundó el programa Avatar; te aconsejo que lo conozcas si quieres profundizar más en el tema del cambio de creencias. Éste es su sitio: www.avatarepc.com.

Las creencias no son una simple idea en tu mente, son una idea que atrapa a tu mente.

El objetivo es develar las llamadas *creencias invisibles* a través de las cuales vivimos sin tener conciencia de que las tenemos e invaden todos los ámbitos de nuestra vida. El ejercicio consta de una serie de preguntas que debes repetir hasta que descubras tu creencia y la elimines. Debes hacerlo de forma sucesiva durante algunos días para que así vayas eliminando otras creencias que te limitan.

Como ya sabemos, las creencias son muy resistentes al cambio. No son dóciles y están muy arraigadas en lo más profundo de nuestro ser. Debes doblegarlas, pegarles de frente, pero toma en cuenta que incluso cuanto más las confrontas, más se esconden y se disfrazan de descripciones racionales, con lo cual nos confunden. (Por ejemplo, diciendo: "¡No tengo temor, sólo soy precavido!", "¡Mejor lo veo luego!"). No olvides que una creencia es una representación de ti mismo y por eso se resiste a cambiar. Parece que reflexionara sobre sí misma: "¿Cómo voy a cambiar si ése soy yo?", "¿Si cambio lo que soy con qué me quedo?", "¿Tengo que ser otros entonces?". No, sólo debes cambiar un montón de creencias juntas y entrelazadas que tienes escondidas.

Ahora busca un lugar tranquilo con luz tenue, cierra los ojos y sigue los siguientes pasos:

Primera pregunta (plantea la situación)

Situación: ¿Qué quiero cambiar?

Selecciona un tema sobre el cual te sientes inseguro, algo que te incomoda profundamente, algo que te hace sentir culpable, algún temor o inseguridad, algo que no entiendes de tu vida, algún tema sobre el que jamás quieres hablar con nadie, algo que te hace sentirte poco realizado.

Descríbela

Cuando consideres que ya tienes clara la situación, pasa a la segunda pregunta.

Segunda pregunta:

¿Qué creencia debería tener alguien para experimentar esa situación que acabo de describir? ¿Qué creencia hay detrás? ¿Qué hay en el fondo?

Describe la creencia

Tercera pregunta:

¿Qué evidencias tienes de que esa creencia en ti es verdadera? ¿En qué momento surge? ¿Cómo y cuándo aparece? ¿En qué situaciones?

Respuesta

Cuarta pregunta:

¿Además de ésa, qué otra creencia debería tener alguien para experimentar una situación así? ¿Hay otra más o son varias? ¿Qué la dispara? ¿Cuáles son? Descríbelas si existieran.

Respuesta

Quinta pregunta:

¿Cómo pruebas que esa otra creencia, o creencias, que acabas de describir son verdaderas en ti? ¿En qué las ves? ¿Cuándo te surgen?

Respuesta

Ahora continúa con las preguntas cuarta y quinta tantas veces como sea necesario, hasta que hayas descubierto tu creencia mayor. Contesta desde tu ser, no lo subas a tu mente racional y lógica; describe cada respuesta con detalle, desde el profundo sentimiento y emoción que surgen al expresar la creencia que tienes. Expresa varias creencias que fundamentan tu situación.

Si sólo piensas en la creencia y no sientes emociones, sino que la mencionas como si fuera la descripción lógica de una silla, esto no te llevará a ningún descubrimiento. Debes hablarte a ti mismo con sinceridad total, desde la dimensión del sentimiento, y no evites sentir la creencia que hay alrededor de la situación que planteas.

En cuanto la definas y la sientas con profundidad emocional, repítete: "Ése no soy yo, ésa es mi creación: no es real, no existe". Dilo tantas veces sean necesarias hasta que te sientas libre de la emoción de esa creencia. Hasta entonces habrás dado el gran salto de tu vida para vivir arriesgando como siempre anhelaste. Buena suerte.

Consejos:

- Convéncete de que tú no eres una creencia. ¡Eso fue lo que aprendiste!
- Incorpora poco a poco nuevas creencias positivas, sustituyendo las antiguas.

- La actitud mental positiva no será posible si tus creencias negativas persisten.
- Aprende a reconstruir para siempre el nuevo edificio de tu vida.
- Recuerda acontecimientos de tu vida que planeaste para ser feliz y lo conseguiste.
- Revisa tu salud y relaciónala con tus creencias. Principalmente los padecimientos repetitivos de todos los años (por ejemplo, resfriados, trastornos estomacales, dolores musculares recurrentes, etcétera).
- Analiza con qué tipo de ventana estás viendo al mundo. ¿Cómo lo ves? ¿Qué te dices a ti de lo que ves de tu mundo?
- Cuando fuimos bebés no teníamos miedos; de mayores tenemos muchos. Todos son aprendidos. Puedes cambiarlos.
- Cree en ti, no en tu creencia.

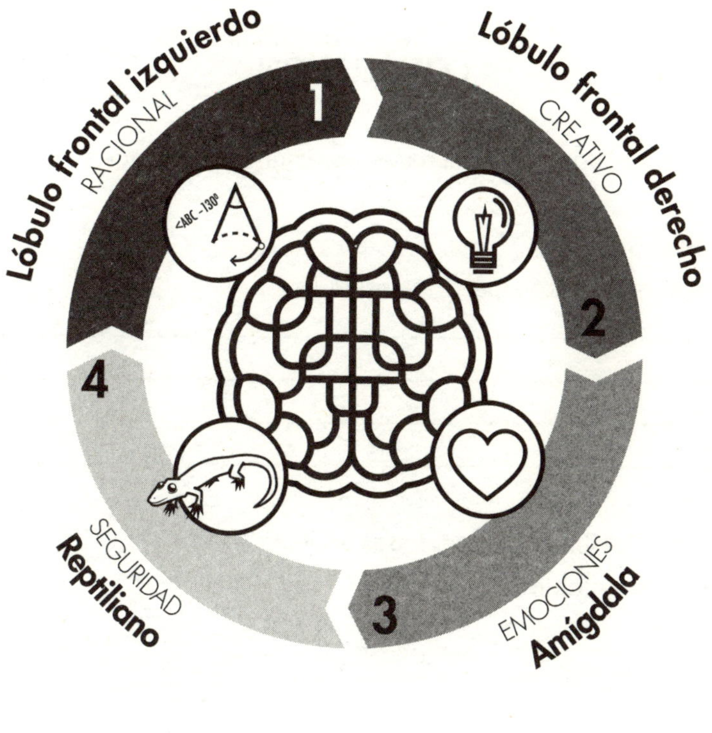

PREGÚNTALE A TU MENTE 6:

¿Vivo con historias de vida que me limitan? ¿Cuáles son?

¿Qué habilidad tenía de niño que hoy puede ser mi fortaleza?

¿Qué creencias veo que debo cambiar acerca de mí?

¿En qué área de mi vida me veo dando vuelta la página ya?

¿Si no hubiera restricción en mi vida, qué me arriesgaría a hacer?

¿Qué no me he arriesgado a hacer aún por miedo?

¿En qué persona me estoy transformando, qué David soy?

¿Soy feliz como vivo, soy una persona realizada?

CONCLUSIÓN

¿De qué me doy cuenta al hacer un resumen de lo que respondí?

CAMBIO 6
¿Qué haré distinto a partir de hoy?

____

____

____

____

Si deseas recibir estas preguntas en línea ve a:
https://borghino.mx/arriesgate

CAPÍTULO 7

EL MILAGRO QUE ES TU VIDA

"El deber de cada persona es convertirse poco a poco en sí misma"

"Un milagro es la representación física de la fe"

La vida es un milagro difícil de revelar, ya que exige que te descubras. En algún momento de tu existir, necesitas encontrarte a ti mismo, para saber cuál fue el propósito de tu vida. Tú guardas un secreto que necesitas develar si quieres triunfar en esta vida, y ese secreto eres tú, es tu origen. Todos existimos en un cuerpo en el que vive un ser que desconocemos.

Cuando tenemos éxito o fracasamos lo atribuimos a factores externos, no lo asociamos a nuestra naturaleza. Si tienes éxitos, dirás: "¡Es que tuve suerte!", "¡Es que se me dio!", "¡Es que el momento fue el preciso!", "¡No siempre es así!"... Como si tú y tu inteligencia no hubieran tenido nada que ver en ello. Lo curioso es que si piensas de esa manera, cuando no tengas éxito, puedes caer en la trampa de buscar una razón de lo ocurrido en lugar de revisar en ti qué debes cambiar. Si te aferras en culpar algo o a alguien, habrás comprado un boleto en el *Titanic*. Te transformarás en una víctima de lo sucedido. Cuando crees que el problema está fuera de ti, esa forma de pensar es la que te tiene inmerso en ese problema.

No podrás sanar la herida emocional que te produce un error porque te dejará marcado para siempre, repitiendo los mismos errores una y otra vez. Necesitas descubrir el verdadero genio que hay en ti. No significa que seas otra persona, debes descubrir la genialidad con que naciste. No tienes que cambiar tu esencia, porque eres de los seres más sofisticados y perfectos de esta tierra. Necesitas dejar de enfocarte en las experiencias de dolor, ya que para asumir riesgos necesitas sacar a flote tu verdadero ser, tu fortaleza, el verdadero gigante que hay en ti.

Actúa: la experiencia forja tu carácter

Las personas exitosas se descubren a sí mismas arriesgando. Debes aprender a jugártela en la vida, ser valiente y arriesgarlo todo. Lleva tiempo pulir tu potencial para poder hacer que reluzca el verdadero ser que eres, es decir, aquel joven que algún día nació con todos los talentos naturales para triunfar, los cuales no se ven a simple vista, cuando te miras al espejo, sino que se esconden, nunca son tan evidentes. Sólo se vislumbran cuando actúas. Ahí surge la magia de tu personalidad porque te enfrentas a ti mismo. Lo que hagas será el instrumento que enfrenta a los temores y hace renacer tu fortaleza. Debes convencerte de que tu enorme potencial se descubre a través de la experiencia y de los enormes riesgos que corras en la vida. El descubrimiento sólo se logra exponiéndote. Ahí está el secreto. Debes aventarte al vacío de la oportunidad. Si además de ello tienes la virtud de saber analizarte y reflexionar a conciencia, tu evolución será mucho más rápida. Te ruego que les enseñes el hábito del riesgo a tus hijos desde muy pequeños.

El pastor y doctor judío Abraham Twerski hace referencia a que a las langostas, en la medida en que van creciendo, el caparazón (que no crece) se les hace más pequeño y difícil de soportar. La langosta tiene que arriesgarse si quiere seguir su proceso de evolución. Necesita desechar su caparazón, pasar por un periodo de alta peligrosidad escondida debajo de una roca y esperar la recuperación de su nuevo caparazón. Como te dije, el progreso sólo se logra exponiéndote. Las crisis por las que pasas también se transforman en el recurso para que evoluciones como las langostas y fortalezcas tu carácter. Aun si pasas por periodos de vulnerabilidad el riesgo es pieza clave si esperas evolucionar en esta vida.

Cuando actúas vas transformando tu mente y cambiando tu caparazón. Por ello hay evidencias de estudios que dicen que la gente de acción invierte más tiempo pensando, en silencio y construyendo siempre un nuevo caparazón.

El talento tiene la peculiaridad de que surge cuando lo pones bajo presión. Es el mismo proceso natural del carbón, que a altas temperaturas y presión se transforma en un diamante. Sólo así surge el diamante que eres tú como ser humano. Tu interior está construido de un material de alto valor. Vale la pena que corras riesgos y no permanezcas como muchas personas que por temor se conforman con vivir como carbón toda su vida, se van de esta vida sin haber descubierto para qué eran buenas, o peor aún, ésa es la imagen que les dejan a sus hijos.

Mike Tyson dijo: "Todo lo tienes bien planeado para la pelea, hasta que de improviso te rompen la cara". Así se forja un campeón, con los golpes inesperados de la vida. Es mejor para tu éxito equivocarte actuando, que dejar de hacer por temor y que las oportunidades pasen ante tus narices y se pierdan para siempre. Pregúntate: "¿De qué estás más arrepentido en tu vida, de las decisiones que has tomado o de las decisiones que has dejado de tomar?". El nivel de arrepentimiento en estos casos es tan elevado que jamás te lo perdonas. Vas acumulando en el baúl de las derrotas el recuerdo de lo que no eres y eso destruye tu ser, tu autoestima y oculta para siempre la magia de tu genialidad.

El escritor Ori Brafman, en su libro *La necesidad del caos*, hace referencia a que los riesgos y los grandes cambios disruptivos en tu vida son necesarios si quieres evolucionar. Los cambios obligan a nuestro hemisferio cerebral derecho, que es el de la imaginación, a construir nuevos caminos para resolver el problema que tú mismo has creado con el cambio. De lo contrario continuarás en la zona de confort y del estancamiento. Creando crisis en tu vida, dice, es como estiras tu capacidad y construyes nuevos caminos. Eso te hará evolucionar como persona.

El éxito no se espera, se busca, se persigue, se atrapa. Se lucha con una actitud espartana ante la vida. Es como ir por un jardín de laberinto hasta encontrar el camino de salida. Pero si te quedas en la zona de confort, te hundes en la ciénaga de la inmovilidad y de la seguridad. Si buscas seguridad absoluta en la vida, vive en una cárcel, ahí tienes todo resuelto, comida, cama, médicos, cero cambios. Las personas que son muy exitosas no esperan que las cosas se den, saben que ése es un acto de debilidad innecesario; ellas arriesgan todo.

Tú no naciste para la mediocridad, naciste para la grandeza. Nadie que crea que no es inteligente triunfará ni evolucionará. Cuando te ves desde la perspectiva interior, te ves desde la óptica de la sabiduría, de tu inteligencia natural, no desde las experiencias negativas que has tenido.

Lo que conoces de ti es sólo una muy pequeña fracción de tu grandeza. No valores más tus experiencias de vida que a tu propio ser. Es hora de cambiar esa forma limitante de verte.

Créate a ti mismo

"Las cosas no se dicen, se hacen, porque cuando se hacen se dicen solas"

Hay personas que, sin importar lo que les digan, no se valoran a sí mismas. Eso es un dolor profundo e insustituible que carcome y destruye la identidad.

Debes descubrir una forma de ver tu vida que te quite el sufrimiento de definirte sólo a través de tu mente, que encierra las experiencias del pasado, y te haga vivir más feliz en el aquí y en el ahora. Te sugiero que leas el famoso libro de Eckhart Tolle: *El poder del ahora.* Ahí puedes profundizar cómo vivir el presente.

Debes aprender a construir tu futuro, pero para ello debes educar tu mente. Enfoca tu vida en aquello que más te importa, en tus talentos y virtudes. Debes generar en tu mente posibilidades, algo que te ilusione, que te apasione, eso siempre se encuentra dentro de ti. Muchos no creen que existe dentro de ellos ese poder de crear. Si observas tus eventos del pasado verás que la mayoría de las veces que has fracasado no ha sido por falta de inteligencia, sino que no has sido suficientemente persistente, te faltaron las garras del triunfo, pero no ha sido por incapacidad.

Debes creer en ti, eres el único que tienes

Es muy poco motivante levantarte en la mañana y no sentirte pleno o vivir sin una mentalidad triunfadora, pero ¿crees que eso es lo que te tocó vivir? Cuando haces algo y las cosas no salen como quieres dices: "Así nací, con esa inteligencia y capacidad, no soy gran cosa pero ahí voy saliendo". Hay cosas que no debemos aceptar, como creer que eres los errores que has cometido en tu vida. Hay que tener muchos tropiezos, sufrir mucho, llorar mucho, para cambiar una vida. Tu vida no es así, sino que solamente fue un evento que sucedió que quedó grabado en tu mente. Pero muchos se autoconvencen muy fácil y se juzgan con menor capacidad que la que tienen. Pregúntate por qué hay días que todo te sale bien. Seguro no es por casualidad, ése es tu talento expresándose. Sin embargo, hay una falsa idea de la vida, ya que cuando todo te va bien te sientes raro, porque ése no eres tú. Tu realidad te ha hecho creer una vida que no eres. No logramos verlo en forma cruda, tal como lo que fue: una experiencia que sucedió en tu vida y nada más. La vida no está diseñada para que fracases, la vida está esperando que triunfes, que seas próspero. La complejidad y el dolor que sientes provienen de las creencias que has integrado, pero eso debes aceptar que lo aprendiste.

Si quieres tener éxito, prosperidad o bienestar, necesitas asimilar la responsabilidad que tienes de sacar a flote lo mejor de ti. No he visto nada más triste que alguien que no cree en sí mismo. Si te ves débil las oportunidades no se te darán porque éstas no vienen, necesitas ir por ellas y para eso se requiere carácter. Si no sabes cuánto vale tu vida entonces puedes valer muy poco, pero otros pueden ver en ti la inteligencia que tienes y tú no te das cuenta. No tenemos idea de quiénes somos.

Hace 18 años, un día impartiendo una conferencia, se me acercó una persona muy amable y me preguntó si yo podía escribir del tema del que había hablado. Le respondí que no, que yo era conferencista, no escritor. Me dijo: "Yo puedo resolver ese problema". Le pregunté que cómo se hacía eso, si yo nunca había escrito un libro. Me respondió: "Yo soy director editorial de una editorial y tengo gente que puede ayudarle a escribir de lo que usted habla". Y así fue. Dos semanas después me llamó por teléfono y me comentó que ya había encontrado a los dos redactores. Me los envió a mi casa y acordamos que nos reuniríamos cada semana. El método era que yo les hablaba de un tema, ambos escribían y luego me enviaban una redacción para que yo la corrigiera. Así transcurrieron los meses y finalmente se escribió el primer libro. Ese primer libro me despertó la curiosidad y me interesé en aprender a escribir; tomé varios cursos, me asesoraron muchos escritores y redactores en los últimos 18 años. Con los años maduré y hoy escribo todos mis libros. Llevo 10 libros escritos. Así, otra persona me descubrió el talento que tenía escondido. Nunca olvidaré el tacto que tuvo Ariel Rosales, director editorial de Grijalbo, que fue quien me descubrió y con quien estaré agradecido toda mi vida. Un verdadero genio en el mundo editorial. La moraleja es que todos tenemos un talento escondido que otros pueden ver y nosotros nunca descubrirlo. Todos podemos construir a través de nuestro ser interior habilidades escondidas.

Lo esencial es que el problema del ser humano es que vive en el miedo y no en la fortaleza interior, que está ahí esperando que algún día la descubras. Con carácter podrías elegir vivir como quieras tu enorme grandeza. Teilhard de Chardin dijo que, después de muchos intentos, sabremos quiénes somos y habremos descubierto nuevamente el fuego. Ese fuego estuvo siempre en ti desde el momento en que naciste, pero nunca lo viste. Nació contigo.

No somos lo que vemos

"Un día toda tu vida pasará ante tus ojos. Pero asegúrate de que haya valido la pena"

Cuando contemplas un atardecer, lo que ves es que el sol se mueve, mientras tú permaneces inmóvil. La mente percibe este movimiento al caer el sol, al momento del atardecer. Es tan evidente que el sol se oculta ante tus ojos, que resulta difícil contradecir que el sol se mueve, ya que es la evidencia que está frente a ti. Así también funciona nuestra mente: sólo cree en lo que ve de nosotros; lo que vemos de nosotros es como nos definimos, pero ese juicio es sólo una pequeñísima parte de lo que somos.

Es muy complicado cambiar la evidencia de lo que te dicen tus experiencias que eres, así como le fue difícil a Galileo demostrar que no era el Sol el que se movía sino la Tierra. Para la Iglesia cuestionar ese paradigma significó una herejía, y a Galileo casi le costó morir en la hoguera. Para ti también sería una herejía afirmar que tu mente te está mintiendo, que eres tú quien está en movimiento y no tu vida. Tú eres quien la pone en acción. La vida es inerte y está igual para millones de personas. Eres tú quien le da vida a tu vida. Tú construyes la vida a través de los recursos que te ofrece el medio, que son los mismos para todos. El medio tiene sus propios ciclos y es similar para todos los habitantes de la tierra. Si tú no actuaras nada pasaría, y ahí se quedaría para que alguien construya su vida. Tu vida no es lo que ves, la vida eres tú.

Nosotros hacemos una representación muy pequeña y simplista de lo que somos como personas. Se requiere de un poder enorme para construir tu vida tal cual como la tienes diseñada en tu mente. En realidad, lo que ves de ti no es todo tu potencial, observas sólo una muy pequeña fracción. En el hinduismo se dice: "Tú no eres eso". Y justamente lo que los hinduistas nos están diciendo es que no somos lo que vemos.

Nos definimos superficialmente sólo por lo que experimentamos. El filósofo griego Heráclito de Éfeso decía que las personas comunes no reflexionan sobre aquello que ven, sólo lo aceptan pero no lo racionalizan, a lo que él le llamaba falta de *logos*. Decía: "La realidad se esconde, es invisible y necesitamos del *logos* [o pensamiento lógico introspectivo] para que sepamos qué orden debemos imprimirle a nuestra vida". También expresaba: "Aquel que use el *logos* valdrá por 10 000 hombres porque descubrirá su razón de ser".

Eso mismo es lo que te estoy tratando de explicar, que lo que no ves es la mayor parte de tu potencial. Nos cuesta comprender lo que no sabemos, lo que desconocemos, porque está integrado en nuestra esencia, en nuestro ser. Es ese ser oculto el que debemos descubrir para llegar a develar lo que verdaderamente somos y ponerlo al descubierto.

Recuerda este mensaje hindú: "Una vasija existe no sólo por el barro que la conforma, sino por el vacío que tiene dentro, que es invisible". Ése eres tú, ése es tu Ser, porque ese espacio existe en ti, es tu alma inteligente que te da la vida. Ése es el Yo soy.

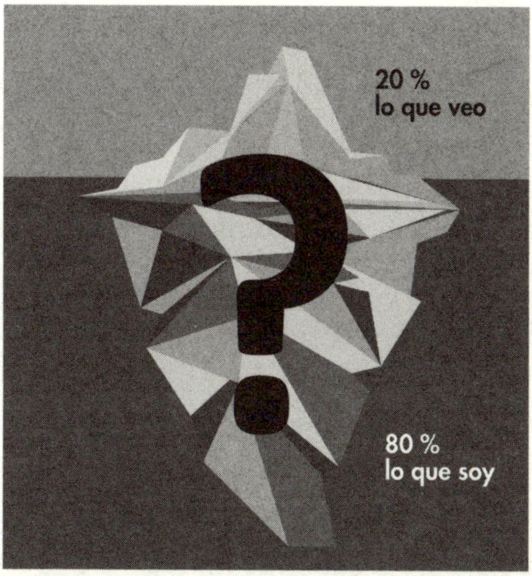

Somos como un iceberg: el mayor potencial está oculto y sólo le mostramos al mundo una pequeña fracción de nosotros. Pero lamentablemente esa pequeñita parte es la persona que creemos que somos. A partir de que leas este libro nunca más te engañes, esa pequeña porción que vive en ti no es todo tu ser, es sólo una fracción.

Por ello la vida es descubrimiento permanente de lo que ya existe en ti. Y para descubrirlo nada más adecuado que utilizar las preguntas que hacemos en este libro.

Libera tu potencial, vive en libertad

"No importa dónde estés hoy, no es nada comparado con lo que puedes llegar a ser"

La mente es tan compleja que por sí misma te crea muchas restricciones, pero tú no le añadas otras nuevas cada día que no son necesarias. Si tú mismo continúas construyendo tus propias restricciones tendrás una vida muy complicada. No vivirás en plenitud. Si te limitas a ti mismo, seguro ha de ser porque tienes miedos escondidos y eso te hará sufrir más de lo necesario.

En la vida hay dos tipos de sufrimiento: uno físico y otro mental. El físico es dolor en el cuerpo, mientras que el dolor mental es creado por el miedo a sufrir, que es autocreado. El miedo es intangible, pero tu mente, que todo lo moldea, puede imaginarlo y crea un monstruo, aunque no sea real. Si tienes miedo mental tu inteligencia jugará en tu contra.

El objetivo en tu vida es que todos tus atributos trabajen alineados para que triunfes. Aquellos que tienen muchos miedos del pasado hacen que toda su maquinaria mental vaya en contra de sí mismos, y eso confunde y te hace sufrir innecesariamente. La prueba la tenemos con la cantidad de antidepresivos que se consumen hoy. El Prozac es la medicina que más se receta en el mundo, un paliativo para salir de la depresión causada por uno mismo. Parece que fuéramos nuestro propio enemigo, construyendo dolor y sufrimiento. Si tu corazón, tu mente y tu inteligencia no cooperan, ¿qué clase de vida puedes construir? Cuando se tiene miedo uno se va por lo más seguro, lo más

Es hora de que estés bien contigo mismo.
Es hora de que seas feliz y vivas con bienestar apostándoles a tus talentos e inteligencia.

fácil, sin riesgos, y eso no te lleva a ningún lugar. La complejidad de tu vida es cuando tu mente y tu cuerpo van en dirección opuesta a tu bienestar. Tú quieres una cosa, pero la realidad te muestra otra muy distinta y sufres porque ves que trabajas mucho y no avanzas.

Nos esforzamos muchos años para intentar vivir realizados, pero al no saber cómo es eso en realidad, lo asociamos sólo con lo material y no con lo personal. El único recurso que hemos encontrado es vivir corriendo, salir de la casa muy apresurados con el café en la mano, trabajando para subir por la escalera del éxito.

Se entiende que las condiciones externas no siempre estarán totalmente a tu favor, pero debes tener presente que en tu mundo interior tienes la solución de todo lo que te pase. Es decir, no tienes control de lo que te pasa pero sí de cómo lo resuelves, ahí demuestras tu talento e inteligencia. Todo está armado para que triunfes, pero como está dentro de ti no lo identificas. Buscas afuera, donde sólo hay casas, autos, comida, televisión, ropa, cosas que al final no te satisfacen, te aburres rápido de ellas. No bien compras un carro quieres otro, te vas de viaje y llevas tu computadora debajo del brazo y vives contestando WhatsApp y correos en el camastro de la alberca; no puedes estar solo, te aburres y enciendes la televisión; ni contigo mismo puedes convivir, necesitas ruido exterior porque tu interior está muy poco desarrollado. Nunca le hemos prestado atención ni lo hemos fortalecido, lo hemos dejado debilitado. Pero ahí está todo: tu vida, dentro de ti, para que algún día la uses. Pero no puedes ir manejando tu vida con el freno de mano puesto, lleno de incertidumbre, temor o falta de valentía. Te arriesgarás a medias por el miedo a fallar.

Reitero la invitación a que todas las mañanas medites, hagas yoga, mucho ejercicio, reces o tengas una hora de reflexión contigo mismo, para preparar tu ser para ese día y luego salir con toda la energía enfocada en tus propósitos. Al final tú dirigirás tu vida y no dejarás que la vida te gobierne a ti, ni tampoco que cualquier carro o camión te haga enojar en el camino y haga de ti cualquier cosa menos lo que tú anhelaste para ese día.

Te recuerdo que los inteligentes se sienten atraídos por el silencio. La razón es que es el momento y espacio en que estimulan su creatividad y desarrollo, para tomar decisiones de alto nivel.

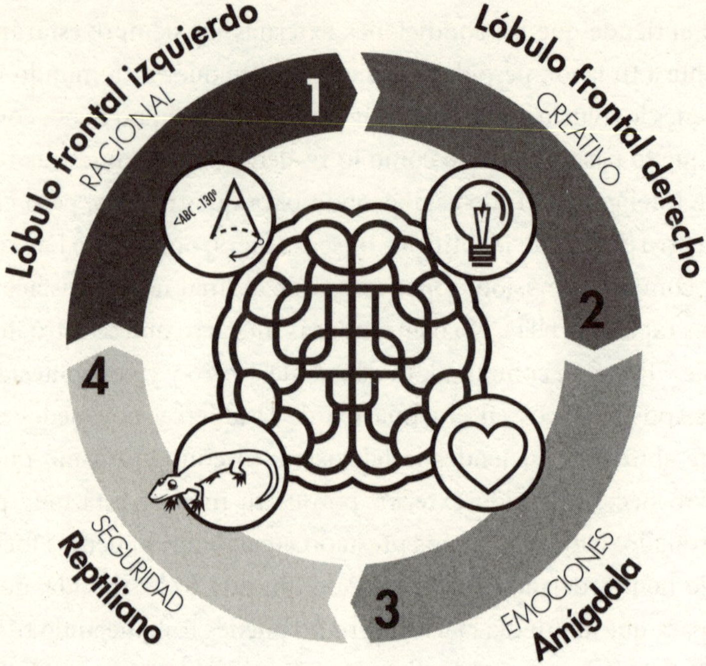

PREGÚNTALE A TU MENTE 7:

¿Considero que tomo decisiones inteligentes?
¿Soy una persona de acción que asume grandes riesgos?

¿Qué espero lograr en mi vida con gran pasión?
¿Cómo veo mi vida, qué cambios haré para mejorar?

¿Qué me falta hacer que es muy importante para mí?
¿Qué es lo que más me molesta de mí que pocos saben?

¿Creo en mí mismo y me la juego? O ¿voy paso a paso?
¿Tengo cicatrices de dolor de mi infancia que no olvido?

CONCLUSIÓN

¿De qué me doy cuenta al hacer un resumen de lo que respondí?

CAMBIO 7

¿Qué cambios o qué redirección debo dar a mi vida?

____

____

____

____

Si deseas recibir estas preguntas en línea ve a:
https://borghino.mx/arriesgate

ETAPA DEL HACER

CAPÍTULO 8

EL MIEDO Y LOS RIESGOS

"¡Si tu fe es mayor que tu miedo, ya la hiciste!"

Miedo *vs.* felicidad

Hay personas en esta vida que no le temen a nada y que están dispuestas a correr riesgos poniendo en juego incluso su vida. Hace unos días vi un documental de un paracaidista que se lanzó de un avión sin paracaídas a 2 000 metros de altura para luego acertar y caer atrapado en una red a toda velocidad. Toda una hazaña heroica, sólo porque quiso ser el único en el mundo en atreverse a realizar eso. Sin embargo, algunos arriesgan tan poco que no viven su vida por temor. La razón es que quieren seguridad y por ello pierden una parte muy importante de sus anhelos. Las preguntas para ti son: ¿Cómo te defines? ¿Eres valiente o tiendes a ser muy cauteloso, con miedo al riesgo? ¿Das pasitos seguros en cada decisión? ¿Eres muy precavido?

¿Por qué muchos seres humanos viven atemorizados por lo que pueda pasar? La razón de fondo es que no quieren fracasar, les da miedo fallar. El futuro es algo desconocido que les atemoriza. Si lo reflexionas con detenimiento, verías que en lo desconocido es donde estará tu enorme oportunidad. Lo conocido, lo que hoy sabes y dominas, te tiene haciendo lo que haces, trabajando en lo que trabajas y ganando lo que ganas; es lo que sabes hacer y lo repites. Sin embargo, aquello que nunca has intentado, lo que desconoces, es lo que encierra la oportunidad que te puede llevar a otro nivel de vida. En lo que no sabes aún está el secreto de tu evolución. No asumir riesgos te mantiene en tu zona de confort, nadando de muertito, repitiendo lo que aprendiste, pero eso no te hará crecer, te hace sentir seguro, eso es todo, pero no te sirve para nada. No te dejes dominar por el miedo, no vivas a medias, no te encierres en la zona de confort o de conformidad. El miedo toma de rehén a tu futuro, libérate.

Debemos aceptar que el miedo tiene un nivel de complejidad muy elevado, ya que tiene por un lado un componente neuronal y otro físico. Neuronal porque está cargado de estímulos emocionales y físicos, ya que el cuerpo reacciona por instrucción del sistema nervioso central y por la amígdala, donde están las emociones. Es necesario tomar conciencia de ello dada la capacidad de destrucción que tiene el frecuente temor en nuestra vida física, en nuestro éxito y en nuestra realización como personas.

Para lograr tu superación en la vida debes aprender a enfrentar los riesgos, como también mantener a raya el miedo y comenzar a utilizar los viejos dichos populares: "Quien no arriesga no gana" o "Echando a perder se aprende". Ya deja de preguntarte qué te puede pasar si haces esto o lo otro y postergas la decisión; mejor pregúntate qué puedes perder si no lo haces.

En busca de la felicidad

Ponte a caminar y busca tu felicidad, no evadas el miedo, lo necesitas para crecer, es nuestra mejor señal de alarma. Enfréntalo, ya que la felicidad permanente la logras sólo dentro de ti.

Cuando buscas la felicidad fuera de ti, dada la naturaleza que tienen las cosas, ésta siempre será pasajera, por un rato nada más. Confundimos satisfacción con felicidad. Las cosas tienen la energía que les demos y la influencia que les permitamos, nada más. Nos dan una satisfacción temporal porque así es el mundo material y punto, en algún momento se acaban. El problema surge cuando confundimos los términos. Este error de concepto al confundir bienestar con felicidad es la razón por la que vivimos con tantos altibajos de placer. Perder cosas nos aterra, porque les damos un valor distinto al que en verdad tienen. Somos aprehensivos con las cosas. En consecuencia, el miedo a la pérdida nos paraliza.

Siempre he pensado por qué nos han dicho que la felicidad eterna está en el cielo. Es decir, parece que debes morir para tener paz y felicidad. Decía el gran pensador Henry David Thoreau: "El cielo se podría definir como aquel lugar donde todos evitamos ir".

¿Será que nos dijeron lo del cielo para que la mente ya deje de traicionarnos? Me pregunto: ¿No será que el lugar donde vivimos hoy puede ser un lugar de felicidad? Nos dibujan como que allá arriba está el paraíso terrenal. Pero ¿qué tal si este mundo, donde vives, lo transformas en tu paraíso terrenal mientras, sin necesidad de esperar a morir y vivir en él? Tú eres lo mejor que tienes como el recurso de felicidad, no esperes tanto para encontrar la paz. Recuerda que el mundo es sólo un medio que está ahí como un recurso disponible para los millones que vivimos en él. Quien lo transforma eres tú. Thoreau también dijo: "Si tu mundo exterior es igual a tu voz interior entonces serás feliz, pero si tu vida es diferente a tu voz interior entonces vivirás muy infeliz". "El ser humano es el artífice de su propio destino." Lo que una persona piensa de sí misma determina su destino.

El problema ha sido que como seres humanos nos hemos abandonado, no invertimos tiempo en estudiarnos y conocernos a nosotros mismos. Trabajamos sólo en empleos o en actividades cotidianas. Muchos hasta se aburren estando consigo mismos, y como no están acostumbrados a vivir consigo mismos, de inmediato encienden el televisor, sacan al perro a pasear o salen corriendo al centro comercial a distraerse. ¿Por qué te aburres contigo? ¿Es que no tienes nada interesante para ti, eres un aburrido? El aburrimiento se presenta en aquellos para los que el tiempo no tiene ningún valor. Sólo nos hemos centrado en lo exterior como un distractor —que de eso sí sabemos— pero no nos lleva más que a la temporalidad y vivimos por su culpa como en una montaña rusa, un día felices y otro infelices. Queremos vivir felices todo el tiempo en algo material que no dura mucho. No me parece muy racional. Pero como nos abandonamos como seres, no sabemos dónde buscar la felicidad. No permitas que tu mente te haga sufrir, ya tienes suficiente con los problemas que te trae la vida, no le sumes los tuyos. Buscar la felicidad en el mundo de las cosas materiales es como comerte un algodón de azúcar. Te lo pones en la boca y se disuelve al instante.

Matthieu Ricard, monje budista de origen francés que vive en Nepal, ha escrito muchos libros sobre la felicidad, como *Viaje a la iluminación*, *Tíbet, un viaje hacia el interior, En defensa de la felicidad*, entre otros. Es considerado el hombre más feliz del planeta, ya que en la Universidad de Wisconsin le hicieron una resonancia magnética a su cerebro mientras meditaba y obtuvo resultados sorprendentes muy por encima de la escala normal de satisfacción y felicidad en el mundo. Él dice: "Nosotros no nacimos para ser infelices, no nos levantamos en la mañana y decimos: 'vamos a sufrir un poco hoy' ". Dice que buscamos la felicidad cuando sufrimos, pero cuando estamos bien ni pensamos en ello. Vivimos la vida en el mundo exterior, pero como en la superficie del mar hay olas que te revuelcan, el mar se mueve todo el tiempo. Si nos sumergimos, el mar está tranquilo. Así, si nos sumergimos en nuestro ser encontraremos la paz.

Dice Ricard: "Vivimos en casas y departamentos muy bonitos por fuera, pero dentro ¿podríamos vivir igual? En nuestro interior hay condiciones para hacer florecer la felicidad". Nos invita a que meditemos porque ello nos permite ver el odio, la ira y el enojo desde una perspectiva interior. Termina diciendo: "Debemos entrenar nuestra mente para mantener la felicidad". Te invito a que profundices en el pensamiento de este extraordinario monje budista. También te invito a leer los libros de Tal Ben-Shahar, profesor en Harvard del curso de felicidad y autor de varios libros sobre el tema.

Las matemáticas del riesgo

El diccionario nos dice que riesgo es la posibilidad de que se produzca un contratiempo, fracaso o daño. No significa que suceda, pero puede darse esa posibilidad. Toda decisión que vas a tomar involucra cierta vulnerabilidad. Cuanto mayor es la vulnerabilidad mayor es el riesgo, pero cuanto más factible es el daño, mayor es el peligro.

Los matemáticos describen el riesgo con una fórmula, poniendo los elementos como: r de riesgo, p de peligrosidad y la vulnerabilidad como v; por lo tanto, lo describen a través de una ecuación donde $r = r(p/v)$. A mayor probabilidad de p hay más riesgo, al igual que mayor v.

Como lo observas, hasta el riesgo puede ser motivo de estudio desde una perspectiva matemática, racional, sin subjetividades. El problema de fondo radica en cómo nuestra mente interpreta estos elementos y les otorga un valor subjetivo emocional, que te estimula a huir de la situación o enfrentarla. Ambos determinarán tu destino y cuán feliz serás. Toda esta interpretación acerca del riesgo se origina en tres áreas de especialización de nuestro cerebro: *1)* el cerebro reptiliano, *2)* el cerebro límbico, *3)* el cerebro de la neocorteza.

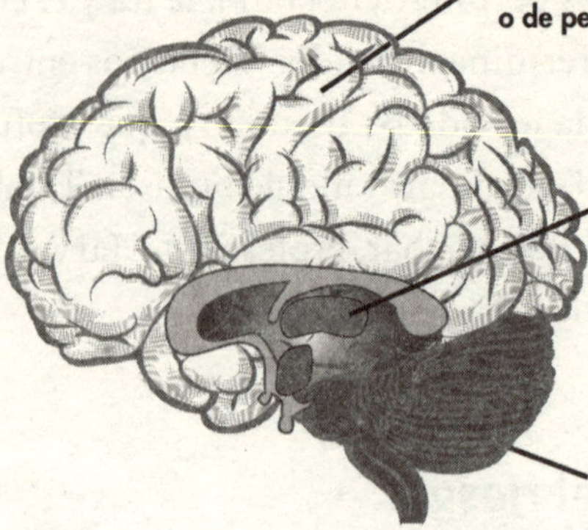

Estas áreas interpretan los eventos y nos dan instrucciones de cómo debemos actuar.

Comprendiendo los miedos

"Cualquier cosa que temas, será atraída a tu vida"

La contraparte de los temores es la confianza, y ésta es una actitud y al mismo tiempo una elección que tomas a diario. Cuando enfrentas la incertidumbre, puedes elegir interpretarla como una oportunidad o como un peligro, o también sentirte víctima o asumir la responsabilidad y darle una solución de una vez por todas. Por ejemplo, el caso del doctor Viktor Frankl, un médico psiquiatra austriaco que sufrió profundamente siendo prisionero en un campo de concentración nazi, donde perdió a toda su familia y fue el único sobreviviente. Años más tarde escribió *El hombre en busca de sentido*, un clásico que te sugiero que leas y tus hijos también. En él relata lo que vivió en ese campo y decía que a diario pasaba por la decisión de continuar con vida sufriendo o lanzarse sin control hacia las cercas electrificadas para morir y acabar con ese profundo sufrimiento. "Comprobé —dijo Viktor Frankl— que a las personas puedes quitarles todo en la vida, vivir en la peor miseria, pero lo único que no podían quitarnos era la libertad de elegir". Ésa es la más profunda y última de las libertades que tiene el ser humano: *decidir*. Todos tenemos esa capacidad. Podemos reaccionar negativamente ante la adversidad o buscar nuevas formas de ver lo que nos sucede y resolverlo. Decía Frankl que aquello que nos sucede sólo representa en la vida el 10%, pero *cómo* reaccionamos ante la situación es 90% del resultado.

Esta capacidad de elegir de qué disponemos sólo podemos activarla cuando, ante una situación, la mente toma un tiempo para reaccionar y elige conscientemente una respuesta. El ser humano es el único capaz de crear este espacio de reflexión, concentración y análisis que le permite tomar decisiones más inteligentes. Ese espacio nos hace actuar más conscientes.

Con ese espacio reaccionamos en función de nuestra inteligencia. Pero si actúas reactivamente, tu reacción es emocional, estimulada

por el miedo. Esta respuesta inmediata daña mucho porque generalmente tomamos decisiones equivocadas impulsadas por emociones y no desde el nivel de nuestra mayor inteligencia.

A partir de hoy te invito a que uses esta cualidad neurológica para que pongas un poco de paz a tus reacciones cotidianas y que tu inteligencia natural se active y vivas en un nivel superior del que estás acostumbrado. Ante la inseguridad de la situación, muchas personas también reaccionan dejando pasar el tiempo, postergan decidiendo, esperan que algún día llegue un mejor momento. Por lo general jamás sucede. No actúes así, ya que si postergas, darás espacio al fracaso o el abandono de la decisión esperando que se resuelva o que el problema se diluya solo.

El miedo a arriesgarte en tu vida está determinado por el nivel de temor que experimentes. El temor es un sentimiento necesario que todos los humanos tenemos, pero actúa según el mensaje que te envíe el cerebro reptiliano y el cerebro límbico, que son nuestros mecanismos naturales de protección. Debido a que son nuestro instinto de sobrevivencia, se disparan ante cualquier amenaza y responden de manera inmediata, ya sea paralizándonos ante el miedo, huyendo por temor o atacando para defendernos.

Lo paradójico en nuestra vida cotidiana es que la mayoría de los temores que tenemos al asumir un riesgo son más imaginarios que reales. Todas nuestras preocupaciones surgen cuando están conectadas con lo incierto del futuro y sus consecuencias. El gran pensador Henry David Thoreau dijo: "Las cosas por las que nos preocupamos toda la vida, por lo general jamás suceden". Nuestra mente construye imaginaciones cuyo trasfondo es el miedo. El miedo surge por algo que aún no existe hoy, aún no ha sucedido. Te preocupas por algo que no es real porque no estás enfocado en la realidad, sino en tu creación mental y en las emociones históricas que alberga. Recuerda que tu mente tiene dos componentes: memoria e imaginación, ninguna de las cuales existe en este momento, pero lo imaginas de tal manera que parece real. El temor que sientes es porque estás centrado en esa imaginación, ya que si estuvieras enfocado en la realidad o en los hechos no tendrías miedo.

**"El mayor riesgo en la vida es no correr riesgos.
En un mundo que cambia tan rápido, lo único
que garantiza fallar es no correr riesgos."
Mark Zuckerberg, fundador de Facebook**

Nuestro cuerpo y nuestra mente tienen sistemas para mantenernos en calma y tomar un espacio ante la incertidumbre. Dependiendo de cómo haya sido educada tu mente en etapas tempranas de tu vida —proactivo: aguerrido, o reactivo: emotivo—, es necesario que estés consciente de quién eres si quieres dominar tu vida y tu futuro.

Una persona muy inteligente puede estar frustrada toda su vida, no por su incapacidad, sino por la emoción que embarga el miedo permanente que siente ante la incertidumbre. El miedo es normal en el ser humano porque somos seres con conciencia y nos damos cuenta de que puede suceder algo más adelante, pero debemos tener cuidado, ya que si es constante nos transformará en su súbdito y nos gobernará. Un animal no tiene esa capacidad de predicción del error, sólo actúa, y si fracasa, lo intenta otra vez. Por otro lado, decimos que el ser humano es un ser que tropieza dos veces con la misma piedra, pero un animal tropieza mil veces con la misma y no toma siquiera conciencia de su experiencia ni se deprime ni tiene que ir al psicólogo. Por ello es que las personas con mente triunfadora arriesgan todo el tiempo, son seres que fracasan más que los que no lo son, pero no se aterran o paralizan, sino que buscan nuevos caminos permanentemente, continúan abriendo nuevas puertas de oportunidad. No se lo toman personal ni les afecta su autoestima, ni siquiera los paraliza o debilita sus decisiones.

Cómo superas el miedo

Como te mencioné, en mi juventud tuve miedo a equivocarme durante muchos años de mi vida. La mente te hace imaginar cosas que podrían suceder. La mente vive en la bipolaridad del dolor del pasado y la incertidumbre del futuro, lo cual te amarga el presente. No puedes pelear contra ellos porque no existen, como tampoco puedes salir de ellos porque no son tangibles. Son verdaderas trampas emocionales.

Es como si estuvieras produciendo constantemente películas de terror en tu mente, de las cuales tú eres el productor, tú lo creaste. Mejor edúcate en producir películas de felicidad, valentía, riqueza o guiones exitosos. Usa tu mente a tu favor. Tendrás que luchar contra las emociones que la amígdala te envía, las cuales tienes registradas desde tu infancia y las traes al presente y las sientes como si fueran de hoy y, peor aún, las ves como reales.

Cuando padeces miedo, tu mente está centrada en el dolor del pasado y en lo que te sucederá en el futuro inmediato y te lo imaginas de una forma horrorosa, atemorizante y te hace dudar; te sudan las manos, te pones ansioso, el cortisol y la adrenalina se te disparan. Cuando eras niño no tenías pasado ni experiencias para comparar, sonreías todo el tiempo, vivías alegre y aceptabas las cosas tal como venían. ¿Te acuerdas de la felicidad con que te levantabas, cómo saltabas y brincabas por ser un nuevo día? ¿Qué paso? ¿Cuándo se terminó? Eso cambió con las historias que se fueron registrando en tu mente. Entonces tu sufrimiento y tu inseguridad no están sustentados en una realidad, sino en una grabación registrada. Lo curioso es que tu mente te dice una cosa y la realidad luego te dice algo distinto, ya que la mayoría de esos peligros pocas veces ocurren en ti, sólo te aterraron temporalmente. Te creas mentiras que te paralizan y no te dejan ser. Cuando llegas a una edad avanzada te arrepientes de no haber tomado más decisiones o riesgos en tu vida. No te permitas llegar a esa situación en tu vida. No llegues a tu vejez arrepentido, pues ya no hay tiempo para rectificar.

Si visualizas, el miedo se retira

"La vida no fue diseñada para darte lo que necesitas sino lo que arriesgues"

Cuando termines este libro, te invito a que conscientemente te enfoques más tiempo haciendo lo que deseas, más que imaginarte las amenazas que sientes de las decisiones que quieres tomar. Si lo aplicas, eso puede cambiar radicalmente tu vida. La visualización tiene el gran poder de calmarte y controlar el estrés que provocan las decisiones de alto riesgo. Ésta te permite analizar escenarios alternativos que sólo se logran cuando te das un espacio entre el estímulo y la respuesta que le das a la situación.

La visualización te abre puertas que nunca surgirían si te quedaras paralizado contemplando el miedo. A muchas personas, cuando les digo que visualicen su decisión a futuro, les causa ansiedad e incertidumbre, porque no saben lo que el futuro les depara, no pueden ver más que lo que viven hoy. Cuando hacen una proyección hacia el futuro también proyectan su temor porque se centran en los problemas potenciales, lo que quizá les podría suceder, más que enfocarse en las soluciones.

Al entrevistar a líderes de grandes corporaciones en más de 10 países en los que he trabajado, encontré que dan la sensación de que les gusta coleccionar problemas, porque su mente se centra en ver por encima de ellos. Su mente es una buscadora de soluciones porque el problema es para ellos la materia prima del éxito de un líder. Un líder que no resuelve es sólo un administrador de procesos internos que durará poco en ese puesto. Las personas con mente de seguidor siempre buscan a alguien que les resuelva lo que sucede porque los problemas los agobian. Por eso son seguidores, quieren el camino libre, limpio de obstáculos; los problemas les generan ansiedad, por ello no pueden escalar al círculo de los líderes ganadores. Es una manera distinta de ver la realidad que hace ser triunfadores a los líderes y asumir riesgos todo el tiempo, sin úlceras ni gastritis crónicas.

Cuando tus decisiones están sustentadas en una visión, cuando verdaderamente confías en ti como persona, por lo general esa forma de pensar te lleva a utilizar casi automáticamente varios mecanismos de autoprotección inteligentes, entre ellos la *prevención*, la cual encierra dos atributos: la *habilidad de imaginación* y la *capacidad analítica*, que son los más sobresalientes de la especie humana, porque podemos prever, ya que nos permiten anticipar el futuro y sus amenazas y luego dar soluciones lógicas para resolver problemas. Esta capacidad preventiva es un mecanismo de una mente superior como la nuestra, que nos permite encontrar escenarios y minimizar riesgos. Es un atributo de nivel superior que está integrado por la *percepción selectiva* y la *prevención de problemas*. Dada su trascendencia para triunfar en la vida, las explicaré detalladamente. El uso de ambas en forma permanente puede cambiar tu vida por completo.

Percepción selectiva: el gran secreto oculto del éxito

"El miedo es la no aceptación de la incertidumbre, pero si lo aceptas, entonces será una gran aventura"

Ésta es una habilidad biológica de extrema importancia que poseemos, ya que es determinante para el éxito y para evitar temores innecesarios, definida como: *percepción selectiva* o *sistema activador reticular*

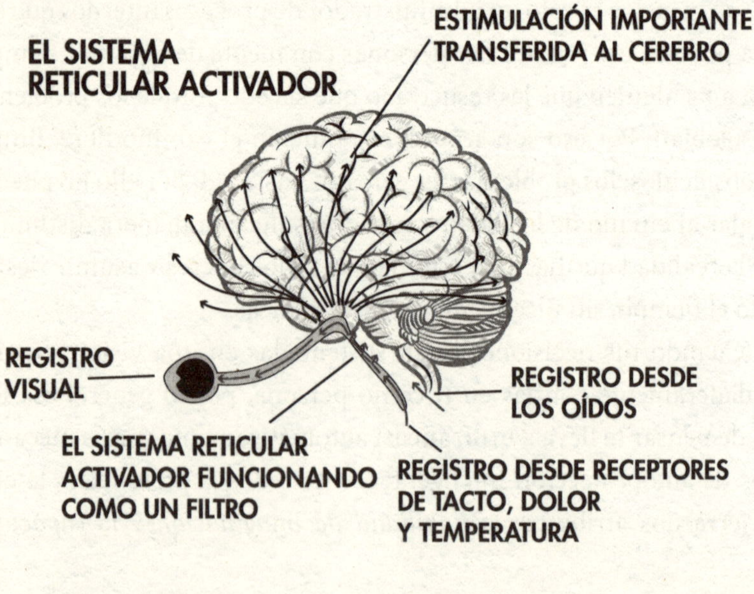

ascendente (SARA). El buen funcionamiento del SARA es fundamental para estar en estado de conducta conciente, es decir, "alerta". Es un filtro sensorial, visual, auditivo, que sólo deja pasar aquello en lo que estás interesado. Es una herramienta neuronal extraordinaria para encontrar cosas que tú quieres en tu vida. ¿No te parece increíble?

Se activa cuando visualizas algo que quieres. Hace que toda tu energía se enfoque en ese propósito que te has definido y te permita percibir lo que antes no veías. ¿Te ha sucedido alguna vez querer algo y luego comenzar a verlo por todas partes?, como ¿comprar un carro y luego ves carros todo el tiempo como el que quieres? ¿Comprarte un vestido y luego verlo en otras personas, en la televisión o en una revista? La percepción selectiva te capacita para usar tu mente en una búsqueda inconsciente de lo que quieres, es como un radar neurológico portátil. Te permite encontrar nuevas oportunidades que antes no veías, que sólo se identifican en el preciso momento en que defines con claridad lo que quieres.

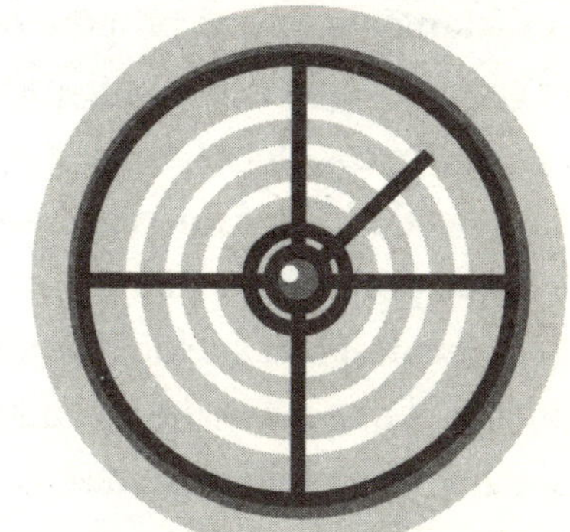

La percepción selectiva es un buscador, como un GPS muy sofisticado que actúa las 24 horas, incluso dormidos; aun cuando no estés pensando en ello, tu mente seguirá buscando soluciones, ya que está instalada en el inconsciente y trabaja sin descanso. Se le llama percepción selectiva porque cuando sabes lo que quieres tu mente se enfoca sólo en aquello que quiere selectivamente.

Este atributo lo considero el secreto oculto de nuestra mente para conseguir lo que queremos. Pero debes educarte en ello para que se active. Debes saber enfocarte, concentrarte y tener toda tu energía fundida en ese propósito que pretendes lograr. No es desear o querer, es de un nivel de intensidad superior. Este descubrimiento lo comparo con el hallazgo de la Rosetta, la gran piedra descubierta por el ejército francés que fue estudiada por Champollion en 1799 en el delta del Nilo, quien logró descifrar los complicados jeroglíficos egipcios de las pirámides en ese granito de 762 kilogramos. Esto permitió avanzar en el conocimiento de una civilización que era un misterio hasta ese momento. Algo con similar importancia es lo que tenemos en el cerebro, una cosa genial que debemos saber explotar. Úsalo exprofeso y edúcate para enfocarte y concentrar tu mente en tus propósitos y la percepción selectiva comenzará a trabajar para ti. Por ello es tan importante aprender a meditar o hacer yoga, ya que educas tu mente a enfocarse. El problema que he encontrado es que la mayoría de la gente no tiene un propósito de vida, sólo quiere vivir mejor y eso es todo.

La percepción selectiva curiosamente también es el recurso que atrae "tu suerte", ya que te proporciona la oportunidad de atraer nuevas oportunidades, asociándolas con lo que quieres. *La suerte, por definición, es la intersección entre la oportunidad y el conocimiento.* Esto es exactamente lo que proporciona la percepción selectiva. Lo anterior confirma que debes prepararte bien en la vida, debes ser el mejor en lo que haces, debes saber, ser un experto en tu profesión, no sólo un conocedor. No vivas vegetando en lo que haces, no sólo trabajes y creas que por no faltar nunca y cumplir con tu tarea serás ascendido o te aumentarán el sueldo. La vida no es así, no es tan simple. Si eres el mejor, el que más sabe y el que más preparado está en lo que hace, entonces, por probabilidades, la suerte se te aparecerá porque es la intersección entre el conocimiento y la oportunidad. Oportunidades hay muchas durante la vida, pero la mayoría no son para ti porque no estás listo y no las ves. Piensa, regresa hacia atrás en tu vida y reflexiona cuántas oportunidades perdiste cuando eras joven y sentirás tristeza por ello.

La percepción selectiva es un poderosísimo e increíble recurso para salir de problemas o encontrar nuevos caminos. El requerimiento para que funcione este mecanismo natural es tener una meta y sentir *pasión* por encontrar el camino y no dudar de ti, debes tener un alto nivel de autoestima. Debes de tenerlo emocionalmente registrado, imagina que lo tienes tatuado o marcado con fuego, como lo hacen con el ganado, será imborrable. Necesita ser como una obsesión para que se active y seas persistente en el tiempo, donde no haya lugar para el abandono. Debes escribir acerca de lo que buscas, conocer los más mínimos detalles de tu objetivo para que tu mente lo pueda ver. Debes estar atento a los pequeños detalles para que nada se te escape, pues recuerda que el diablo vive en los detalles. No puedes describir generalidades, ya que la mente no opera en vagas condiciones. Debes tener recordatorios en tu casa, en tu carro, en tu oficina. Deberás trabajar en las noches estudiando acerca de lo que quieres, documéntate, investiga quiénes han tenido en la historia anhelos similares, con ello anticiparás problemas potenciales. Así como te describí la visión de Arnold Schwarzenegger, es necesario que incluso construyas una fotografía de lo que anhelas para que tengas una visión de eso y así tu mente podrá tener una imagen fotográfica e identificará cuando observe y asocie el mundo exterior. Necesita ser la prioridad número uno en tu vida y debes recordarlo todo el tiempo. Necesitas integrar a tu familia para que todos estén alertas y promuevan soluciones. Finalmente, tu mente lo identificará donde menos te lo imagines, pero tu intensa "persistencia" es la clave.

Si deseas practicar la percepción selectiva haz un ejercicio muy simple, pero muy descriptivo, de lo que te estoy diciendo. Recuerda que éste es el secreto del éxito de los grandes triunfadores de la vida. Te invito a que mañana mismo, cuando salgas de tu casa, te digas que quieres rentar un nuevo departamento. Como por arte de magia verás que al salir de tu casa tu mente te hará ver carteles de "se renta" por todas partes. Lo curioso es que esos carteles llevan muchos meses ahí y tú antes no los veías. O si eres mujer y quieres comprar un vestido para una boda, verás que de inmediato comienzas a ver vestidos como los que quieres por muchos lados o ya puestos en alguna otra mujer, en revistas o en tiendas; esa ropa lleva ahí meses pero antes no la veías.

Ahora identificas estas cosas porque tu mente hace un escaneo selectivo de la información del entorno en beneficio de lo que tú has determinado. Así opera la percepción selectiva. La razón de que así opere es que ella, en cuanto defines el objetivo, ya no está fuera de ti, sino dentro de tu mente, forma parte de tu ser, ya se instaló en tu inteligencia infinita y todo lo que existe en el entorno confabula para que lo descubras, porque tu mente instruye a tus órganos, a tus cinco sentidos y a tu enorme inteligencia a que se enfoquen en su búsqueda selectiva. Te pone en alerta todo el tiempo.

El detonador de este mecanismo de éxito es que la percepción selectiva enfoca tu mente, ancla todo tu ser en un solo punto y de ahí toda tu energía e inteligencia se integran. Es un verdadero escáner del mundo exterior en el que vives. Incluso actualmente en nuestras asesorías en búsqueda de disrupciones en el mercado lo estamos usando para descubrir oportunidades de negocio para las empresas. Te invito a que a partir de hoy integres todas tus metas y proyectos de vida de esa manera y tu éxito será realidad en menos tiempo de lo que te imaginaste. Obliga a tu mente a pensar de esta nueva forma, de lo contrario el entorno actuará en tu contra y te pondrá obstáculos que te impedirán obtener tu resultado.

Prepárate para tu proyecto de vida

La vida siempre tendrá de todo para ti, pero debes decirle "qué quieres", debes tener una meta clara, muy específica, no sólo deseos. Debes estudiar y prepararte para ello, pues de lo contrario te convertirás en otro ser humano más, como millones, que deambulan por la vida sin encontrar su camino, aunque estén llenos de deseos. Te invito a que leas todo el tiempo sobre los temas que quieres lograr, consume libros y videos (que hoy son gratis en tu celular). Llena tu mente con información de personas que han logrado lo que siempre han querido.

Te servirán como modelo a seguir y como consejeros. He confirmado que los mejores ejecutivos y personas de mucho éxito que conozco leen un mínimo de 10 libros al año, más revistas y conferencias en las que participan. Viajan observando elementos que alimenten el enfoque en el que instalaron su percepción selectiva. Saturan su mente de conocimiento. Forman equipos enfocados en el tema a conseguir.

Si sales a trabajar diario sabiendo "para qué" y "por qué", el radar neurológico de tu mente comenzará a escanear la oportunidad que tanto has anhelado. Construye este hábito de percepción selectiva para que vivas consciente y te transformarás en una persona más inteligente y la suerte será tu compañera toda tu vida. Será la profecía autocumplida. Te invito a que leas acerca del efecto Pigmalión para profundizar en la profecía autocumplida.

Prevención de problemas; el uso elevado de nuestra inteligencia

"La forma de ver el problema es el problema"

Ahora veamos la prevención de problemas, que, al igual que la percepción selectiva, es otra enorme habilidad que puedes utilizar porque sitúa tu mente en el futuro. Te ubica mentalmente en el resultado final. Este mecanismo es útil para proteger el éxito de toda decisión que tomes y te ayudará también a reducir tus temores, porque reduce la incertidumbre al analizarla racionalmente. Todos queremos hacer realidad nuestros deseos. Es decir, eso que anhelas no está ahí afuera, esperándote a que lo tomes, lo tienes que construir dentro de ti en tu mente, y eso requiere estructura mental. Esto sucede así porque nada en este mundo sucede fuera de ti, todo sucede dentro, y por ello debes trabajar contigo mismo hasta que se haga realidad. El entorno tiene su propia vida y sólo se doblega cuando le muestras tu fortaleza. Cada deseo requiere forzar el entorno, torcerle el brazo, hasta influirlo o doblegarlo, y que tu visión sea realidad. La razón es que tu meta rompe con la inercia natural de las cosas, porque no existía hasta que tú la definiste y modificaste las reglas del juego. El mundo es el recurso con que cuentas para que las cosas sucedan, pero no te tiene todo planchadito y acomodado para que recojas las mieles. Ése trabajo te corresponde a ti, el entorno te pone a prueba para ver si tienes madera para alcanzarlo o te debilita por completo. Recuerda este principio: "A toda acción corresponde una reacción en contra de la misma intensidad". Es natural que el entorno se comporte como se le antoje, no como a ti te interesa. Debes moldear la piedra para que la imagen surja, necesitas sudar y forjar tu carácter de ganador.

Ahora te recomendaré un método lógico para acotar la incertidumbre del entorno. Éste es un proceso racional que necesitas aplicar para que tu éxito esté protegido de imprevistos, utilizando el modelo de *análisis de problemas potenciales* que puedes tener para tus planes de vida. Usar la habilidad de tu mente racional y creativa y no solamente dejarlo como un deseo de tantos que tienes, marcará una diferencia significativa porque tiene estructura y visión.

Este mecanismo racional y creativo de análisis de prevención que te presento a continuación tiene una estructura secuencial probada para que dé sustento a tu proyecto de vida que es imaginativo. Pondrá

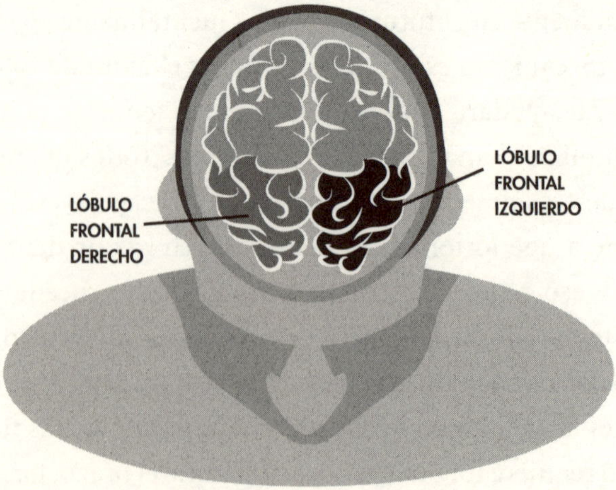

los datos en blanco y negro para ayudar a su ejecución. Para ello estarás usando tu lóbulo frontal derecho, donde está tu estructura creativa, y el lóbulo frontal izquierdo, donde está tu estructura lógica.

Para prevenir racionalmente futuros *problemas potenciales* en tus decisiones debes hacerte varias preguntas:

1) ENUNCIADO DEL PLAN:	¿Cómo definiría el éxito que busco de este proyecto o meta para mi vida?
2) PLAN:	¿Cuáles son los pasos que debo dar para que el proyecto se lleve a cabo?
3) RIESGOS POTENCIALES:	¿Cuáles son los riesgos que tiene cada paso que voy a dar y cuáles sus consecuencias?
4) PREVENCIÓN:	¿Qué acciones preventivas debo tomar para minimizar o eliminar ese riesgo potencial que identifico en cada paso?
5) PROTECCIÓN DEL PLAN:	¿Qué acciones contingentes tengo que considerar si ocurre el problema en alguno de los pasos?
6) PLAN MODIFICADO:	Con esta información de la que dispongo, ¿qué modificaciones haré a mi plan inicial para proteger cada paso del fracaso potencial?

Todo proyecto o meta en tu vida llevará siempre consigo un *riesgo*. En chino la palaba *crisis* se escribe con dos caracteres, uno significa riesgo y el otro oportunidad.

危机

En tu vida debes ser capaz de identificar los riesgos y las oportunidades que se te presenten.

NOTA: Si deseas recibir la hoja de análisis de problemas potenciales (prevención) que utilizamos en nuestros talleres solicítala a arriesgate@borghino.com.mx.

Estos dos instrumentos que hemos analizado, la prevención y la percepción selectiva, son los mejores y más poderosos recursos biológicos de la mente que conozco. Úsalos, son tuyos, porque te ayudarán a disminuir tu ansiedad y te mantendrán en control para alcanzar el éxito. Con ellos, la incertidumbre se convertirá en la oportunidad para ir en la búsqueda de soluciones y la sensación de peligro pasará a segundo plano. Más aún, al verlo como oportunidad, cambiará tu visión y ahora, en lugar de sentir temor, estimulará tu adrenalina por el interés que tendrás en resolver los problemas de una vez por todas. La adrenalina, denominada *estrés positivo,* te ubica en el terreno de las posibilidades, del riesgo, que los deportistas usan para entrenar su mente; si practicas, tu actitud cambiará radicalmente.

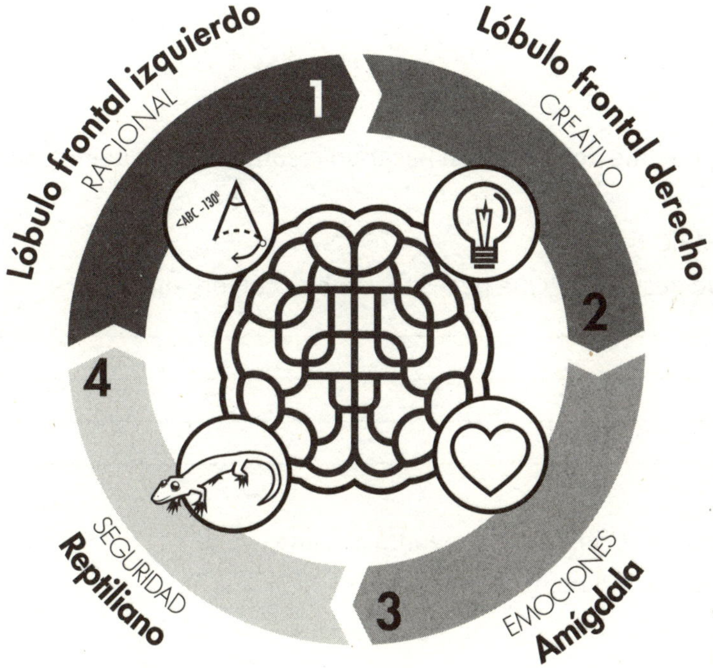

PREGÚNTALE A TU MENTE 8:

¿Soy una persona con muchas inseguridades?

¿Qué necesito para vivir plenamente y seguro de mí?

¿Cómo es mi vida con los miedos? ¿Cómo me visualizo sin ellos?

¿Qué he perdido en mi vida por culpa de ellos?

¿De qué estoy más arrepentido en mi vida?

¿Cómo sería mi vida siendo plenamente feliz?

¿Qué me preocupa en la vida que dispara mis miedos?

¿Qué es lo que más inseguridad me causa en la vida?

CONCLUSIÓN

¿De qué me doy cuenta al hacer un resumen de lo que respondí?

CAMBIO 8

¿Qué descubrí? ¿Qué necesito cambiar con urgencia?

____

____

____

____

Si deseas recibir estas preguntas en línea ve a:
https://borghino.mx/arriesgate

CAPÍTULO 9

CONSEJOS PARA VENCER EL MIEDO

"Aquel que no sepa manejar sus miedos, es difícil que progrese en la vida"

En este capítulo me centraré directamente en describirte los pasos para vencer el miedo.

Utiliza el miedo a tu favor

"El miedo te aleja de tus sueños"

El miedo es un poderoso mecanismo de nuestra mente que sirve para protegernos de los peligros del entorno. Si no tuviéramos ese recurso, seguramente todavía viviríamos en la época de las cavernas o habríamos sido eliminados de la faz de la tierra, porque habríamos asumido riesgos desmedidos o suicidas. La mente y el cuerpo están diseñados para protegernos de las amenazas del medio ambiente, tienen un mecanismo de sobrevivencia instalado que se denomina sistema nervioso central, donde se encuentran los sistemas nerviosos simpático y parasimpático (te aconsejo que te documentes al respecto).

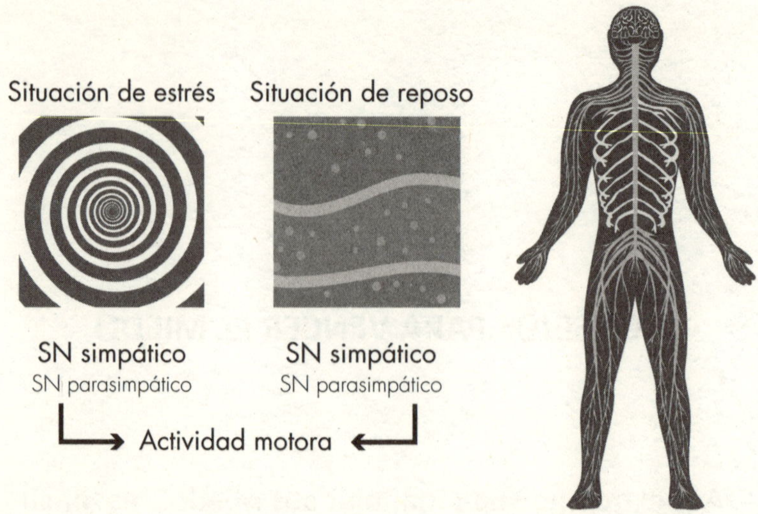

El problema es cuando el miedo se mezcla con el dolor de una emoción histórica y nos inmoviliza. Una cosa es que tengas miedo y otra es que él te tenga a ti atrapado y te acorrale. El miedo es un mecanismo útil que permite tomar distancia ante los peligros, pero si te da pánico y te bloquea, es que tiene un nivel de intensidad tal que te está quitando la capacidad racional de encontrar una solución. Dejas de actuar con inteligencia. Tener este nivel de amenaza permanente en tu vida es muy peligroso, primero porque no te permite avanzar en tus proyectos, y segundo porque es una causa muy comprobada de enfermedades crónicas en el ser humano. Nuestro organismo no está diseñado para vivir asustado, pero nuestra mente tiene una serie de creencias que construye el fantasma del peligro, que eleva nuestro nivel de adrenalina producto del estrés y limita nuestra capacidad racional de asumir riesgos y tomar decisiones inteligentes.

Decía Victor Hugo:

El futuro tiene muchos nombres.
Para los débiles es inalcanzable.
Para los temerosos, lo desconocido.
Para los valientes es la oportunidad.

Que los miedos no condicionen tus acciones

El temor constante nos inmoviliza o evita que tomemos decisiones importantes. Debemos aprender a usar el miedo y no que él nos use a nosotros. Si no vives como anhelas es porque hay miedos en tu mente que no te dejan decidir ni hacer. No bien asumes un riesgo, tus emociones pueden estar comandadas por tres patrones:

a) **En como actúas físicamente.** Es decir, si tu cuerpo actúa de forma ansiosa, transpiras mucho o duermes poco. Te enfermas con facilidad, tienes gastritis o respondes con agresiones. Físicamente demuestras si estás estresado, seguro o débil, incluso se observa en tu forma de caminar y en el lenguaje que usas al expresarte de algún tema. También en cómo se dilatan tus pupilas y te sudan las manos.
b) **¿En que se enfoca tu mente? En la visión o en el fracaso.** Los que piensan en el fracaso predicen consecuencias de horror, porque se instalan en las consecuencias que podría tener y en todo lo que podrían perder. De esa manera no avanzan. Se inmovilizan y postergan. Antes de comenzar, ya perdieron y estarán congelados, esperando que en algún momento algo cambie.
c) **En lo que te dices a ti mismo.** ¿Tu mente te da confianza? ¿Te dice que lo hagas y te da seguridad? ¿Te dices que tienes el talento y las habilidades para hacerlo?, ¿o todo lo contrario? Las palabras y su lenguaje controlan tu cuerpo, le están dando un mensaje.

Dependiendo de tus emociones será el camino que tomes. Por ello, si quieres rehacer tu vida y ser una persona de riesgo, necesitas cambiar las interpretaciones que tu mente le da al miedo.

Aprende a procesar el miedo

"La mente acepta lo que le des"

Pregúntate:

- ¿Cuál es tu peor miedo?
- ¿Qué has ganado con tener ese miedo?
- ¿Quisieras liberarte de él?
- ¿Por qué? Deja de leer y piensa: ¿Que te hizo ese miedo a ti? ¿En qué te dañó? ¿Qué dolor te causó? (¡Reflexiona la respuesta! No avances en el libro.)
- ¿A qué juegas en tu vida, a ganar o a perder?

Esta última pregunta tiene una doble intención, ya que la mayoría de las personas juegan a ganar, pero sin perder. Es decir, toman decisiones, pero su ejecución es demasiado cautelosa por el temor a perder y finalmente obtienen lo menos de la vida porque dan pequeños pasos con tal de no perder.

En la película *Rocky*, estelarizada por Silvester Stalone, el personaje principal le dice a su hijo: "Seguir adelante aun cuando crees que ya no puedes más, es lo que te hace ser diferente a los demás".

Enfoca tu vida

"Cuando piensas deliberadamente controlas el temor"

Cuando estás enfocado en lo importante, te da motivación y energía, despierta tu pasión por alcanzar lo que quieres. El enfoque te concentra en tener más fe en el resultado que en la incertidumbre del miedo. De ahí surge el milagro de tu vida.

Cuántas historias has escuchado de sanación de una enfermedad sólo cambiando la actitud y entrando en el terreno de la fe. La fe cambia la química orgánica, que es la que dispara los componentes de sanación y refuerza tu sistema inmunológico. A su vez, el enfoque te induce a tener una visión y de ahí surge una perspectiva de esperanza que construye tu fe, estimula tu pasión y te genera los componentes bioquímicos que te conducen al milagro.

Te aconsejo cuatro pasos para vencer el temor:

a) **Visión**. Enfócate en tu proyecto de vida.
b) **Siente**. Desea tu visión con toda tu alma, entrega tu vida a ella. Siente la pasión dentro de ti. No significa que no sientas miedo, pero la pasión lo opaca.
c) **Acción**. Pon acción desmedida, sin límites, y define los pasos que darás. Haz una estrategia de ejecución, define tus pasos y mide tu resultado.
d) **Persiste** hasta que el milagro del resultado se dé.

Identifica el costo de tus miedos

"El miedo y la duda surgen de no saber"

Elizabeth Kubler Ross, famosa psiquiatra suiza, escritora y tanatóloga, alumna de Carl Gustav Jung, dijo: "Cada uno elige salir de las dificultades de la vida vencido o perfeccionado". Es decir, el problema te debilitó o te hizo más fuerte.

Gracias al sufrimiento en su juventud, muchas personas se hicieron muy exitosas y otras, por el contrario, apenas ganan para sobrevivir, porque el dolor las derrotó o debilitó su autoimagen, pero a otras les fortaleció el carácter, transformándolas en verdaderos titanes emprendedores y les dio fortaleza para triunfar y asumir riesgos en la vida. Su mensaje es que el dolor sin duda te fortalece o te debilita y no te deja ser tú.

Para conocer el costo de tus miedos pregúntate si cuando decides no asumir un riesgo no estarás corriendo un riesgo mayor. ¡Piénsalo bien! Cuántas oportunidades has postergado y el problema aumentó con el transcurrir del tiempo y has vivido arrepentido por siempre.

Si no pones bajo control el costo del miedo en tu vida, tendrás que pagar un precio:

- Te quita la libertad de decidir tal como quieres.
- Destruye la grandeza, porque te hará más débil.
- Te hace actuar temeroso como si fueras un niño.
- Te impide alcanzar grandes objetivos.
- Ocasionalmente serás feliz.
- El miedo siempre será entonces más grande que tus anhelos.

Reflexiona si padeces alguno de estos síntomas. Pregúntate si en tu vida el miedo ha ganado más batallas que tu libertad de decidir, si es así, entonces estás en problemas.

Cambia tu mente para cambiar el rumbo de tu vida

"El miedo puede llevarte a la depresión y ésta traducirse en una enfermedad"

Los neurólogos dicen que el miedo altera el flujo sanguíneo en el lóbulo frontal. Como mencioné antes, está ubicado en tu frente. Esta región es muy importante porque es la encargada de tomar decisiones sofisticadas, de carácter racional y creativo. Si te invade el miedo, estas dos habilidades neuronales se verán limitadas y seguramente tu decisión no será la más lógica ni la más acertada, ya que la sangre es el vehículo que nutre su capacidad de reflexión y análisis. Además, debemos considerar que el miedo tiene efectos a nivel psicológico y cambios fisiológicos, como la aceleración del ritmo cardiaco y el mal funcionamiento de la digestión y los riñones.

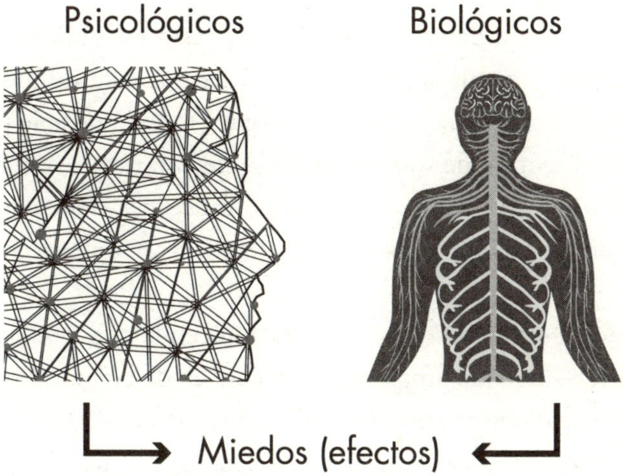

El doctor Bruce Lipton, biólogo experto en el funcionamiento celular, dice: "Lo que no resuelves en tu mente, el cuerpo lo transforma en enfermedad".

Toda creación de tu vida proviene de tu mente, y no sólo impacta lo que haces sino también tu salud física. Te advierto: cuida cómo piensas porque ella estará conectada con tus grandes ilusiones para construir tu vida tal como deseas.

La vida no vale nada si sólo vas a lo seguro; sólo cuando perdemos el miedo o lo controlamos podemos comenzar a vivir en plenitud. Puedo aseverar que nada es real hasta que lo experimentas, y ahí es cuando comienza tu vida. Cuando actúes a pesar de la adversidad comenzarás a sentir que vives tu vida como finalmente es y como fue creada para ti. De lo contrario te transformarás en un ser masificado sin destino, dominado por los temores de tu pasado y las circunstancias. Por ello, para tener éxito es necesario arriesgarse y ser valiente a pesar de estar muriendo de miedo.

Comprende tus emociones

"La ansiedad es la reacción física del miedo"

Es indudable que toda acción que realices está estimulada por una interpretación que tengas de la realidad, pero si está influida por el temor a que fracases en el intento, éste hará todo lo posible para que lo sientas y el sentido de sobrevivencia se disparará y te inmovilizará como señal de protección. Todas estas reacciones tienen su origen en el cerebro reptiliano, que está diseñado para protegernos de los peligros.

Aunado a esta protección, hay otra zona en la que se alojan todas las emociones, llamada amígdala, muy conectada con todo el sistema nervioso central que se encarga, como ya comenté, de regular los recuerdos y emociones desde la etapa de gestación. Cuando actúan en conjunto, el cerebro reptiliano y la amígdala son una poderosa bomba de alerta que dispara señales, como: "Cuidado, no lo hagas, te puede ir mal", "No te arriesgues, sal corriendo", o por el contrario: "¡Actúa ya!", "¡Hazlo!", "¡Ataca!", "¡Inténtalo!".

Éstas vienen acompañadas de reacciones físicas como sudor, estrés y una descarga de adrenalina y de sangre que acelerarán tu corazón para llenar tus piernas y tus brazos de sangre para que puedas huir o pelear. Pero debo informarte que tu pobre cerebro no podrá pensar mucho, ya que la sangre se te fue a las piernas y manos y no podrás decidir muy racionalmente. Así está diseñado el cuerpo para reaccionar ante los peligros. Todo esto es producto de una interpretación emocional de tu mente, que te hace sentir amenaza o debilidad imaginaria. Por suerte, todo esto puedes cambiarlo y revertir tus emociones a tu favor y minimizar el temor al riesgo. Debes arriesgarte y actuar.

Haz una lista de lo que temes

"La situación no te hace vivir con miedo, es tu interpretación la que te hace vivir con temor"

Te invito a que hagas un listado de las cosas que más temes, aquellas que te aterran o limitan en tu vida (miedo a triunfar, a hacer dinero, a tener tu propio negocio, a renunciar a tu empleo, a ser rechazado); define un plan de acción y trabaja en ellas de inmediato. Enfréntalas y nunca más las evadas. Cuando te liberes de tus miedos podrás definir cómo quieres vivir tu vida y qué metas quieres lograr. Pide ayuda a profesionales si fuera necesario, pero atácalos de frente.

Si tu temor es recurrente y te domina incluso en tus más simples decisiones, te aconsejo practicar meditación o yoga diariamente para que te ayude a comprender su origen y que no te jueguen una mala pasada.

El miedo enferma tu cuerpo

El miedo es una sensación imaginaria que intoxica tu cuerpo, te llena de toxinas a través de la química de tu organismo. Tú no quieres eso para tu cuerpo, ¿no? Inconscientemente estás destruyendo tus órganos porque tu química orgánica se deteriora y ella es la que invade todos tus órganos internos y los destruye. Por ello, no negocies con tu mente, oblígala a cambiar, pelea con tus emociones, de lo contrario tu mente dominará, y ella está llena de miedos y de viejas emociones que te inhiben y te hacen actuar cobardemente sin que tú lo quieras. Deja de una vez por todas de enfermarte psicológicamente.

Odia tener miedo

¿Estás harto de estar harto de tus miedos? Llegó el momento de darle un golpe de Estado a tu mente y enfrentar los temores tal como enfrentas los problemas mecánicos de tu auto. Debes enfrentar las emociones que te envía la amígdala, porque son muy viejas en tu mente, lleva muchos años cargándolas. No puedes erradicarlas siendo dócil con ellas. Atácalas, arriésgate, ponte en acción. Es probable que sufras, que llores, que te aterre, pero no dejes que te ganen. Busca una asesoría profesional. Una cosa es que el miedo sea una señal de alarma y otra que te inmovilice.

El miedo bloquea tu creatividad

Cuando estás atrapado por el temor y la incertidumbre, éstos activan un mecanismo de protección que reduce el nivel de irrigación de sangre al cerebro y disminuye su capacidad de creación de alternativas. La mente se bloquea y es cuando decimos: "¡No supe qué hacer!". Eso ocurre porque la sangre se dirigió a las extremidades del cuerpo para estar alerta y correr o hacer frente al peligro que el miedo provoca.

Si deseas construir una visión global de tu vida, ve a arriesgate@borghino.com.mx.

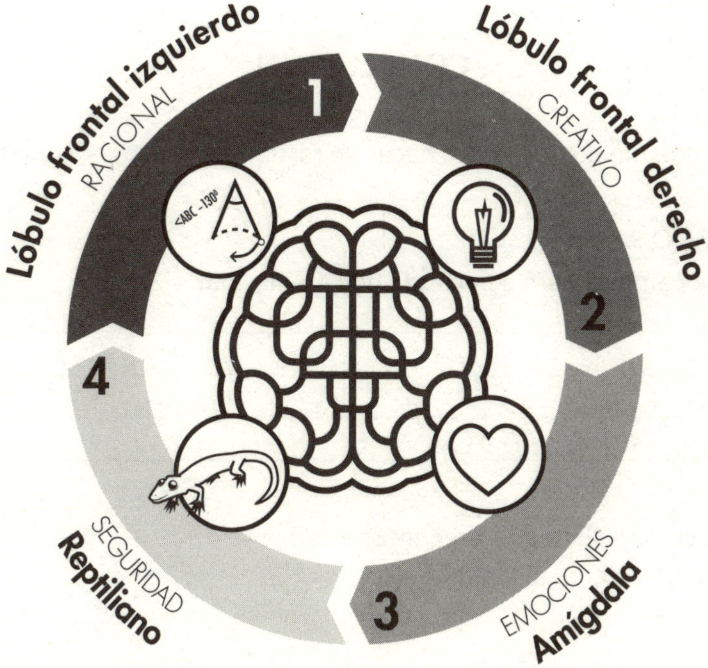

PREGÚNTALE A TU MENTE 9:

¿Cuál consejo del capítulo seleccionaré y deseo aplicarlo ya?
¿Qué perdería si no lo llevara a cabo?

¿Cómo visualizo mi vida aplicando los consejos del capítulo?
¿Qué han arruinado en mi vida los miedos que identifico en mí?

¿Si no tuviera miedo, qué me arriesgaría a hacer?
¿Qué dejaría de sentir si aplico los puntos que seleccioné?

¿Qué carga llevo en mi vida que aún no he podido eliminar?
¿Qué inseguridad me produce esa carga?

CONCLUSIÓN

¿De qué me doy cuenta al hacer un resumen de lo que respondí?

CAMBIO 9

¿Qué cambios haré a partir de hoy en mi vida?

____

____

____

____

Si deseas recibir estas preguntas en línea ve a:
https://borghino.mx/arriesgate

CAPÍTULO 10

NO DESTRUYAS TU IDENTIDAD

"El miedo y la fe son dos formas de ver la vida que te hacen creer en algo que aún no conoces"

Identidad y roles

Existe un estudio del comportamiento humano titulado "Identidad y roles", que nos indica que nosotros cumplimos muchos papeles o roles en la vida (familiar, social, laboral, económico, etcétera). El modelo enseña que si se fracasa en uno de ellos, lo que falló fue el rol que estabas desempeñando, no tú. Significa que el sujeto no debe sentirse fracasado, sino analizar objetivamente el papel que estaba representando y qué sucedió ahí exactamente.

Así que en el futuro reflexiona detenidamente en el rol que estás llevando para evitar castigarte, de lo contrario nunca podrás evadir la carga emocional del sentimiento de culpa. Éste debilita tu autoestima y creerás que careces de talento; o podrás decirte: "¿Cómo que no fracasé?", "La evidencia está en los errores que he cometido tantos años". Eso no es cierto, el error estuvo en ese rol que desempeñaste, con el cual no necesariamente tienes que identificarte. Al dimensionarlo como un rol, puedes rehacer rápidamente tu equivocación.

La razón es que te ayuda a tomar distancia con el problema y entonces te arriesgarás a tomar nuevos caminos.

Quiero insistir en este punto, ya que es crucial y a veces no resulta fácil de entender, porque aquel que comete el error se ve como el único sujeto responsable. Y sí lo es, pero sólo en la medida en que decidió asumir un papel determinado y actuar en consecuencia. El error, en todo caso, estuvo en la decisión que tomó en ese rol específico que asumió. Es cierto que tomaste la decisión, pero ese día fue el camino que viste como el indicado, era el que te parecía mejor o el único que había en ese momento. Está bien, eso sucedió en ese rol y no resultó así, necesitas actuar rápido y resolverlo. Puedes tener el rol de trabajador, el de pareja, el de amigo, el de padre, el de jefe, y así sucesivamente, roles en los que puedes equivocarte, pero debes actuar de inmediato. Debes educar a tu mente a que tenga el reflejo automático de analizar nuevos caminos como acto reflejo.

Por desgracia, algunas personas no reaccionan de esta manera después de los errores. Se deprimen, se desmotivan, se culpan a sí mismas, no ven salidas más que sufrir el dolor del fracaso. El problema es que se identifican con ese papel que estaban representando y creen que son ellas las fracasadas. Los años pasan y siguen erosionando su identidad y aumentando su temor a tomar decisiones afectando su personalidad. Si cometen nuevos errores reaccionarán castigándose hasta convencerse de que no tienen mucha suerte. Lo que sucede es que ellos y el papel que están desempeñando se volvieron la misma persona. No logran separarse y ver objetivamente el problema.

Te invito entonces a que incorpores en tu mente la certeza de que los errores en tus roles no deben afectar tu persona. En la antigua Grecia se acostumbraba representar obras de teatro donde los actores usaban una máscara para actuar el personaje. A esas máscaras les llamaban "persona". De ahí el nombre en español de personalidad. Los actores, al usar esas máscaras, cambiaban de personalidad porque tenían que actuar el personaje. Como bien se sabe, los buenos actores son capaces de identificarse con el personaje para desempeñar un buen papel. En tu vida, como en la antigua Grecia, tú juegas roles donde tienes una máscara para cada papel que desempeñas. Pero ese rol sólo está representado por tu máscara, no eres tú. Tú eres tu identidad y no tiene por qué estar afectada por lo que suceda en ese rol. Quítate la máscara del rol y podrás manejar las situaciones difíciles de tu vida con mayor objetividad, porque puedes separar tu identidad del papel que cumples en ese rol. Debes aprender a alejarte del dolor que sufres por ser el actor en ese papel que desempeñas.

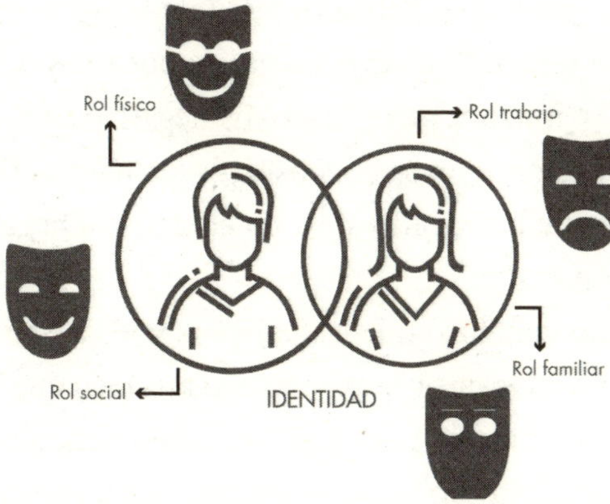

Si tienes este convencimiento, tu vida cambiará para siempre. Aprenderás que la vida es una sucesión de eventos que acontecen en los roles, con los que tendrás que lidiar siempre. Con esa actitud en la mente entonces te arriesgarás a abrir otras puertas y con ellas nuevas oportunidades. Pero ¡hazlo urgente!

El mensaje oculto en las palabras

"La gente no recuerda lo que dijiste, sino cómo lo dijiste"

Hace algunos años me encontré con un estudio realizado por el investigador japonés doctor Masaru Emoto, el cual descubrió que si expones el agua a estímulos externos, sus moléculas construyen ciertos cristales parecidos a los de la nieve, los cuales pueden ser observados a través de un microscopio. En su investigación expuso el agua a música clásica y observó sorprendido que el agua comenzaba a formar unos extraordinarios cristales simétricos perfectos. Continuó exponiendo el agua a distintos conciertos de música clásica y se repitió ese hecho.

Sin embargo, cuando sometió el agua a un tipo de música estridente, como heavy metal, se produjeron muy pocos cristales, que tenían formas indefinidas. El experimento lo extendió también enviando mensajes hablados. Reiteradamente le decía a un frasco con agua: "Gracias" y otros mensajes positivos, y a otro frasco le decía: "Tonto" y muchos otros adjetivos negativos. Lo sorprendente fue que los que recibieron mensajes positivos formaron cristales perfectamente simétricos y hexagonales, y con el mensaje negativo tuvieron una malformación.

Masaru Emoto concluyó que las palabras y los ambientes amables tienen un efecto positivo en el agua. Expresó también que 70% del cuerpo humano está constituido por agua y que ésta tiene una enorme influencia en la salud de nuestro cuerpo porque nos oxigena y nos provee de una enorme energía a nivel celular. Significa que si los mensajes que recibimos son negativos no se formarán los cristales simétricos y éstos afectarán la salud de nuestras células y nuestro sistema inmunológico.

¿Quieres saber cómo se encuentra hoy tu cuerpo? Recuerda lo que piensas acerca de ti cuando fracasas, como el lenguaje que utilizas al referirte a ti mismo. Cuídate porque lo que una persona piensa de sí misma determina su destino. Descubre tus actitudes diarias en cómo te describes, cómo te hablas. El actor Anthony Hopkins dijo alguna vez: "Si te pudieras comer tus propias palabras, ¿tu alma se nutriría o se envenenaría?".

Parece entonces que el agua nos está enseñando la forma en que tenemos que vivir: en ambientes que influyan positivamente para generar cristales perfectos en nuestro cuerpo y contribuyan a nuestra salud.

El doctor Bruce Lipton también hizo un estudio acerca del comportamiento químico de las células y de qué forma guardan información, y sostiene el mismo principio del doctor Emoto.

Por ahora deseo que la investigación del doctor Masaru Emoto te haya abierto una nueva perspectiva sobre la importancia de hablar bien de ti mismo y el impacto que tiene en tu realización y en tu salud. Hace 2 000 años en la antigua Grecia se decía: "Las palabras curan".

Consejos:

- No cargues tu mente de imágenes negativas acerca de ti.
- Observa lo que absorbes de tus éxitos, pero más aún de tus fracasos.
- Identifica qué te dices a ti mismo ante la adversidad.
- Elige lo que quieres atraer con tus palabras.
- Sé consciente de tu lenguaje y de cómo te valoras.
- Cree en tu grandeza.

A partir de hoy sé tu mejor amigo, habla bien de ti, vigila tu conversación. Si los seres humanos les habláramos a los amigos como nos hablamos a nosotros mismos, seguramente no tendríamos ningún amigo. Somos muy duros con nosotros, muy exigentes. La palabra te construye el milagro o te destruye. Nuestra mente tiene un poder enorme, pero es necesario educarla para construir.

Comienza por construir emociones opuestas a las que estés experimentando. En física se conoce también ese principio que he querido comunicarte. Cuando dos ondas opuestas (una positiva y otra negativa) chocan, la onda negativa desaparece; ese principio ocurre también con nuestros pensamientos negativos. Pruébalo y verás. Miguel de Unamuno decía: "Cuando la mente cambia nunca más regresa a su estado anterior".

Llegó a mis manos una historia sobre este tema que quiero compartir contigo. Esto sucedió en 1941, con el movimiento nazi creciendo en Europa. Un día, en Austria, los soldados nazis hicieron redadas en las casas y tomaron prisionera a una familia rica judía. Tomaron a los padres junto con una niña de 12 años y un niño de ocho. Los llevaron a una estación de tren, donde estuvieron tres días. Los niños prisioneros se pusieron a jugar futbol. Finalmente llegó el tren. Los soldados nazis subieron a todos los niños, y el niño que estaba jugando futbol subió descalzo porque dejó sus zapatos en el campo. Su hermana vio que su hermano iba sin zapatos y lo jaló de la oreja, lo abofeteó y regañó fuertemente diciéndole: "Ya tenemos suficientes problemas, y ahora tú sin zapatos con el invierno que se avecina". En Alemania, en invierno, sin zapatos, puedes perder pies por congelamiento. Después de cuatro años, cuando la guerra terminó, ella salió del campo de concentración y descubrió que toda su familia, incluido su pequeño hermano, había muerto. En ese momento, ella, que amaba tanto a su hermano, sintió culpa y le molestaba mucho recordar las últimas palabras que le había dicho. "Nunca lo volveré a ver", decía. Se prometió a sí misma: "Desde ahora en mi vida si hablo con alguien lo haré de tal manera que no me arrepienta jamás de lo que diga". Esta nueva forma de pensar transformó su vida para siempre. Emigró a Estados Unidos y falleció en 2006, habiendo construido un hospital en Chicago. Su ejemplo nos dice que si pasas por horribles experiencias puedes usar ese momento como el mejor aprendizaje de tu vida. Significa que en el futuro debes reflexionar si las experiencias negativas de tu vida las utilizas como un aprendizaje o haces de tu vida una desdicha. Cuando algo te suceda aprende de ti para que salgas fortalecido. Tu decisión determina tu felicidad, no los eventos que hayas vivido. Los eventos de la vida tienen una dualidad, se transforman en el recurso de lo que dispones para triunfar o para debilitarte; tú lo decides, no el evento. Por ello es tan importante que vigiles el lenguaje que usas contigo cuando te enfrentes a tus fracasos en la vida.

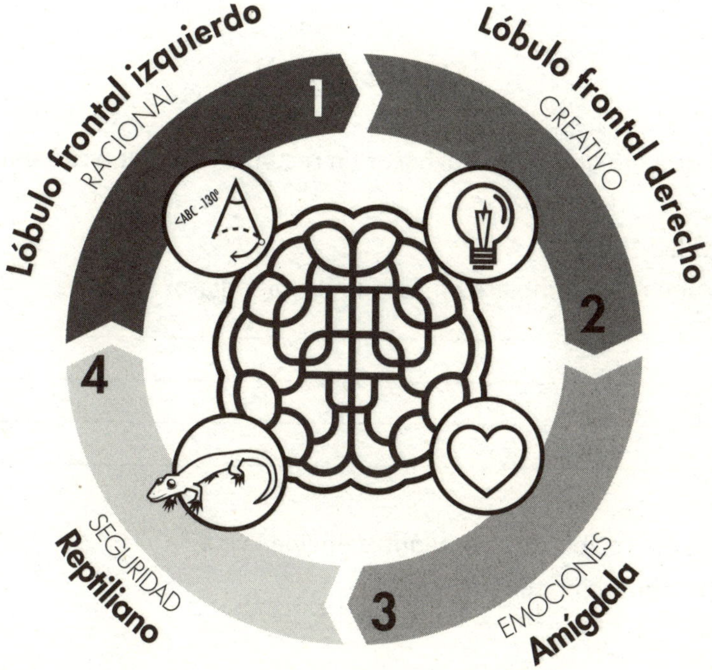

PREGÚNTALE A TU MENTE 10:

¿En qué rol soy más vulnerable o débil en mi vida?
¿Qué me digo a mí mismo cuando las cosas no salen bien?

¿Qué actitud cambiaré cuando las cosas no salgan bien?
¿En qué rol tengo menos control de mis conductas?

¿Cómo actuaré en el futuro cuando fracase en un rol?
¿Qué emociones me descontrolan como persona?

¿Qué rol me produce más inseguridad en mi vida?
¿En qué rol me considero muy seguro y controlado?

CONCLUSIÓN

¿De qué me doy cuenta al hacer un resumen de lo que respondí?

CAMBIO 10

¿En qué roles cambiaré mi actitud de inmediato?

____

____

____

____

Si deseas recibir estas preguntas en línea ve a:
https://borghino.mx/arriesgate

CAPÍTULO 11

PROGRAMA TU MENTE PARA EL ÉXITO

"Para triunfar debes reinventar tu mente"

El poder de las actitudes

"Aprende a ser feliz con lo que tienes, mientras logras lo que quieres"

Como dice el refrán: "Cosechamos lo que sembramos"; si plantas semillas de maíz, obtienes maíz; si plantas semillas de manzano, obtienes manzanas. Pero si plantas en ti semillas de grandes ideas, obtendrás grandeza. Para construir el camino del éxito es necesario plantar en tu mente ideas de triunfo. Recuerda que si no te gusta lo que cosechas, mejor cambia lo que siembras.

No es posible cosechar grandes resultados si no siembras lo que esperas. Si siembras estarás construyendo tu vida y no únicamente querer recoger. La gente que vive en el corto plazo sólo quiere resultados inmediatos, pero en la vida todo toma su tiempo porque está regida por principios naturales y procesos. No hay mentira más grande que un éxito rápido, sólo que te saques la lotería, pero en cinco años las estadísticas dicen que te habrás gastado todo y habrás regresado a tu nivel económico anterior, pero ahora frustrado.

Tampoco es posible triunfar si eres de los que en el primer intento te das por vencido o dudas de ti. Necesitas tener fortaleza mental para soportar los embates de la vida y salir adelante con tus proyectos. Te cuento una historia muy simpática: Había una vez dos ratoncitos que habían caído dentro de un bote con leche. Los dos ratoncitos luchaban por salir y no podían. Después de mucho nadar estaban agotados. Uno de los ratoncitos dijo: "Hasta aquí llegué, debo aceptar el destino", y se hundió en la leche y se suicidó. El otro dijo: "No me daré por vencido", continuó pataleando por horas hasta que poco a poco la leche se hizo más espesa y se hizo una crema dura, dio un brinco y se salvó. Como te dije, la fortaleza mental y la perseverancia son fundamentales para tu vida.

De acuerdo con los enunciados del "pensamiento del éxito", la relación entre semillas y lo que cosechas es la siguiente:

- Siembra una *idea* y cosecharás una *acción*.
- Siembra una *acción* y cosecharás un *hábito*.
- Siembra un *hábito* y cosecharás un *carácter*.
- Siembra un *carácter* y cosecharás un *destino*.

Las semillas se han ido cosechando desde nuestra niñez y se han entretejido con los años, transformándose en fuertes cables como los que sostienen a los barcos; ellas han moldeado nuestra forma de pensar y por eso creemos que ésa es nuestra realidad. Es nuestra interpretación de lo que vivimos lo que nos limita o nos lanza hacia la cima.

Estás limitado por las paredes que tú mismo levantaste.

Te invito a reflexionar acerca de qué tipo de semillas has cultivado en tu mente. Estas semillas para nuestra mente son creencias que se han ido acumulando con el tiempo. Muchas de ellas hoy nos impiden ser la persona que queremos ser, diciéndonos todo el tiempo: "¡Ten cuidado!", "¡No te arriesgues!", "¡No es el momento!".

No bien cometes un error, la mente sometida a creencias históricas te recordará que no eres tan exitoso. Sucede que tu mente está directamente conectada a tu ego. Tu fantasma negativo dirá: "Si yo fuera exitoso, ya sería exitoso hoy". Es un proceso de autoflagelación inconsciente que nos lleva a dudar de nuestros talentos, porque creemos más en el espejismo de lo que vemos que en lo que realmente somos. Lo increíble es que nuestra mente tiene todos los recursos para construir éxito, pero las creencias se encargan de usarlos en nuestra contra. Se consolidan de tal forma que son infranqueables; no importa la cantidad de mensajes positivos que recibas, éstas se resisten porque tienen evidencias tangibles de eventos de tu pasado que traen al presente para que recuerdes: que no te creas, no eres tan listo. En este sentido, Henry David Thoreau, el célebre pensador estadounidense del siglo XIX, afirmaba que, para derribar el árbol de los pensamientos negativos: "Por cada cien golpes que le demos al árbol del mal, sólo uno pegará en la raíz". Con los primeros golpes afectaremos lo superfluo, lo aparente, pero no lograremos vencer el fantasma de las creencias que han echado profundas raíces en nuestra mente.

Necesitas ser un incansable trabajador de ti mismo. Por ello la constancia es de gran valor para nuestra vida, como lo hizo el ratoncito. Habrás conocido a personas que cambian después de un evento que las tuvo cerca de la muerte, como el caso de Rockefeller y el tren que perdió, que le cambio la vida. Entonces el dolor les hizo tomar conciencia y cambiaron. Pero no debes esperar esos eventos para cambiar. No esperes estar en el lecho de muerte para arrepentirte e irte en paz. No, no, nunca esperes, arrepiéntete hoy, cambia hoy, para vivir en paz, en total plenitud, la otra opción es muy tarde.

La mente no eliminará con facilidad la vieja creencia limitante, porque está conectada emocionalmente con el dolor del pasado arraigado en la ya famosa amígdala.

Ella continúa resistiéndose a pesar de que reconozcas que debes cambiar las emociones. ¿Has escuchado decir a personas que fuman que es malo fumar, pero de todas formas fuman? Las cajetillas dicen bien grande que puede causar cáncer, pero no les importa. ¿Cuántos dicen que es bueno hacer deporte, pero jamás lo practican? ¿Cuántas veces se escucha que el sobrepeso aumenta la posibilidad de padecer cáncer, sin embargo, mucha gente no hace nada por ello?

Esto confirma que para nuestra mente humana es posible saber algo y no hacer absolutamente nada al respecto. Los seres humanos somos capaces de decir y jamás hacerlo. Esta actitud de incongruencia es única de nuestra especie en el planeta. Ningún otro ser vivo hace eso. Esto confirma que podemos no ser producto de nuestra inteligencia sino de nuestra historia. Nuestros hábitos viejos subordinan a los nuevos hábitos que queremos integrar, y nos cuesta incorporar otros y actuar en forma distinta.

Con el paso de los años he tomado conciencia de que para la mayoría de las personas saber no significa más que eso: "Sólo saber". Tener conocimiento de un hecho negativo no significa que actuarás para cambiarlo. Muchos matrimonios se terminan después de muchos años de saber que la relación no funcionaba. Habrás escuchado decir: "Toda la vida lo he sabido y nunca hice nada por ello". Sólo aquellos que tienen la fortaleza de vencer la creencia limitante, o se hartan de estar hartos y de cargar con ella, son los que finalmente se revelan. Esto nos indica que el ser humano no necesita saber más. Lo que requiere es "hacer más". Y si haces, entonces sabrás más, y ése es un principio de incuestionable evolución humana. Necesitas tener una mente ejecutora en la vida para practicar, madurar y crecer.

Michael Jordan, el extraordinario basquetbolista, solía decir: "No es posible enseñarte basquetbol en un libro, necesitas estar en la cancha y practicar cientos de horas". Así exactamente es la vida. Espero que cuando termines este libro comiences a practicar lo que aquí te aconsejo, de lo contrario sólo será un buen libro.

Espero que aprendas en los próximos capítulos cómo evitar enfocarte en los errores del pasado, para entonces visualizar las oportunidades infinitas que te ofrece la vida cuando tienes una mentalidad ganadora.

Los condicionamientos invisibles nos debilitan

"Si buscas prosperidad debes seguir los pasos de quienes han logrado lo que tú tanto anhelas"

Para explicar las limitaciones que nos imponemos en nuestra vida, haré referencia a un libro con un dibujo de un elefante.

Ese dibujo intentaba demostrar que los condicionamientos limitan nuestro poder. El dibujo representaba a un elefante de circo que tenía una soga atada a una de sus patas; el elefante se movía de un lado a otro, sin salirse. Me pregunté: "¿Cómo lograron esto? ¿Cómo estando atado a una muy pequeña cuerda este enorme animal no se mueve?".

La respuesta es: cuando son pequeños, los elefantes son atados a un enorme tronco con una cadena que sujeta una de sus patas. Cuando es joven intenta escaparse, pero la enorme cadena se lo impide. Pasan los años y el animal crece en tamaño y la cadena se va reduciendo, hasta que llega a su madurez atado a una soga. Pero su mente ya aprendió que no puede. Quedó condicionada.

El elefante aprendió que mientras sienta una cuerda atada en su pata no podrá escapar, su mente lo vivió y lo comprobó por años. Ignora que hoy tiene el poder físico suficiente para destruir la cuerda, a su domador, a los cuidadores y al circo completo. Pero no lo sabe. Aprendió que no puede y así continuará, balanceándose, condicionado por el resto de su vida. ¿No será que tu mente está condicionada en algún aspecto de tu vida como el elefante? Tú has crecido, pero ¿aún cargas con miedos o limitaciones de tu infancia?

Déjame contarte otro ejemplo real, realizado en un enorme acuario en San Diego, California, hace muchos años. En un estanque los biólogos marinos pusieron una enorme barracuda. Luego en medio del estanque instalaron una división de vidrio. Del otro lado del estanque pusieron muchos peces muy apetitosos para la barracuda. No bien la barracuda vio los peces se abalanzó sobre ellos, pero se golpeó contra el enorme vidrio. Así sucedió varios días y noches, hasta que la barracuda ya sangraba de tantos golpes. Al cabo de unos días vieron que la barracuda dejó de insistir. Entonces los biólogos tomaron la decisión de retirar la división. La sorpresa fue que los peces comenzaron a nadar cerca de ella, pero la barracuda había aprendido con mucho dolor que no podía llegar a los peces. Con los días la barracuda murió de hambre. Así son los aprendizajes que la experiencia de vida nos puede dar y no nos damos cuenta de ello. Puedes ser pobre toda tu vida siendo enormemente inteligente, ya que el condicionamiento del pasado puede limitar tu desarrollo y tu capacidad de asumir riesgos.

Preguntas acerca del condicionamiento

- ¿Acaso puedo relacionar el hecho de no haberme realizado en algunas áreas de mi vida con un condicionamiento como el del elefante y la barracuda?
- ¿Acaso mi mente aprendió a temprana edad que no puedo romper ciertas barreras, que hay cosas que nunca he podido?
- ¿No será que nuevamente evito sentir el dolor del fracaso y dejo de intentar con más firmeza como la barracuda?
- ¿No será que soy un gigante que está dormido y no me he dado cuenta?

- ¿Acaso soy mejor de lo que me valoro, pero no tengo conciencia de ello?
- ¿No será que las evidencias de mis fracasos anteriores me dicen que no lo intente porque ya he pasado por ello?

Ahora que has respondido estas preguntas, ¿qué concluyes? Te aconsejo que abandones la lectura y reflexiones.

Reflexiona y escribe qué creencias están condicionando tu éxito en la vida.

Qué condicionamiento debo cambiar:

1) ____________________

____

2) ____________________

____

3) ____________________

____

4) ____________________

____

La mente gobierna tus decisiones

"El pensamiento es lo que te dirá en lo que pones tu atención"

La mente tiene un poder absoluto tanto sobre nuestras conductas como sobre nuestra salud física y nuestro futuro. Los últimos estudios en medicina confirman que la mente y las emociones, que son reacciones químicas, son el origen de muchas de las enfermedades, por no decir de todas.

Ya lo decía hace siglo y medio el pensador Henry David Thoreau: "El cuerpo es el primer discípulo del alma. Si el alma enferma, también el cuerpo". "Lo que calla el alma se reflejará en tu cuerpo." Si no crees en esto, pregúntale a quien sufre de gastritis; te responderá que su padecimiento se debe al estrés con el que vive, o que está enfermo porque es muy aprehensivo y tiene ansiedad porque trabaja mucho. Pregúntale también si considera que hacer ejercicio es bueno para la salud, y también pregúntale cuántas veces a la semana practica alguna actividad física o come saludable.

Si sus respuestas son negativas, confirmarás que la mente sabe mucho, pero los malos hábitos no le permiten actuar con coherencia. Para la mente, tus creencias son tan fuertes que gobiernan tu inteligencia.

Nuestra mente está influida por hábitos, pero nuestra inteligencia está gobernada por el nivel de conciencia que tenemos.

Como vemos, la mente nos proporciona el éxito, pero también nos puede hacer vivir en desgracia. Es como jugar a la ruleta rusa con un revólver, donde nosotros decidimos el lugar donde ponemos la bala. La ponemos en la oportunidad o en la tragedia. Necesitamos educarla para que la mente se centre en nuestra inteligencia y no en las emociones y hábitos limitantes.

El poder del riesgo

"La mayoría de la gente no sabe lo que quiere y si lo quiere, no quiere riesgos. ¡Piensa en pequeño!"

Con el desarrollo de la tecnología digital surgió una nueva generación de jóvenes que piensan de una forma sorprendente y que están cambiando la historia del mundo. Estos jóvenes que son producto de Silicon Valley surgen porque en ese lugar existe una cultura donde el fracaso como tal no existe, aunque ellos cometen cientos de errores todo el tiempo. El común denominador de las personas ve el fracaso con una carga emocional que no les permite asumir riesgos en el futuro. Por lo general nos atribuimos el fracaso a nosotros mismos y ello nos lleva a no asumir nuevos riesgos, porque nos identificamos con el error y esto afecta nuestra identidad, autoestima y temor a errar. Por lo tanto nos afecta en la valentía y en el espíritu emprendedor que necesita nuestra vida para triunfar.

Silicon Valley es una institución donde se encuentran jóvenes de todas las culturas desarrollando tecnología para crear nuevos negocios. Ellos tienen una actitud hacia el fracaso que deberíamos aprender. Dicen: "Si no fracasamos significa que no estamos innovando lo suficiente". Ven el fracaso como el único instrumento de creación. Nadie de ellos atribuye el fracaso a su persona, no afecta su identidad, no disminuye su autoestima, no se dicen: "Qué tonto soy". Sólo saben que necesitan encontrar nuevos caminos, eso es todo. Es una actitud racional que muchos deberíamos incorporar en nuestro hacer cotidiano, porque eso le da espacio a desplegar la creatividad y la imaginación humana. Thomas Alva Edison, el célebre inventor, tenía esa actitud ante la vida. Dijo que tuvo 10 000 intentos antes de descubrir el foco. Pero no dijo: "Fracasé, sólo encontré 10 000 formas de cómo no se hace un foco". Es una forma estupenda de ver los errores. No por casualidad fue el genio en el que se transformó.

El escritor Andrés Oppenheimer reflexiona muy bien este tema en su libro *Crear o morir.* Dice que los jóvenes en Silicon Valley se caracterizan por ser grupos con poca experiencia como emprendedores, pero con un conocimiento tecnológico profundo. De un día para otro han creado negocios que jamás se nos habrían ocurrido a quienes tenemos muchos años de experiencia en desarrollar empresas. Así nos sorprendieron un Steve Jobs, fundador de Apple, y Mark Zuckerberg, creador de Facebook, o los universitarios Larry Page y Sergei Bring, que fundaron Google, entre muchos otros.

Podríamos decir que a estos jóvenes el temor no los detuvo a pesar de que todos ellos iniciaron un negocio que antes no existía en el mundo. Toma en cuenta que no montaron un restaurante de pizzas o una fábrica de camisas, sino que lo que concibieron fue una empresa que nunca se había visto en el mundo de los negocios, y hasta se podría decir que en toda la historia del planeta. No existía una decisión de ese tipo en el registro de los negocios y, sin embargo, decidieron hacerlo. Es decir, el nivel de incertidumbre era enorme. Pero asumieron el riesgo. Las probabilidades de que fracasaran eran de 99%, ya que la experiencia en este tipo de negocio era nula.

Estas empresas eran más una ilusión que una realidad, pero a pesar de la incertidumbre se lanzaron al vacío. La prueba de ello es que iniciaron sus operaciones prácticamente sin dinero y, por supuesto, sin experiencia, ni trayectoria, y por si fuera poco ¡sin edad!

Eran sólo ideas de adolescentes, pero precisamente a partir de ahí se derivó el éxito que luego tendrían. Todo nació a partir de una idea, de una inspiración, que luego se transformó en un imperio. Albert Einstein solía decir: "Rara vez sólo pienso, porque los hechos me hablaban". Agregaba: "De inmediato me pongo a hacer".

Pregúntate: ¿Cuántas ideas has abandonado por miedo al fracaso? ¿Cuántas ideas has abandonado después del primer fracaso? Sólo por creer que quizá no podrías materializar esa idea. Reflexiona cuánto éxito tendrás abandonado en tu baúl de los recuerdos con proyectos inconclusos. Que tu mente dijo en ese momento: "¡No lo intentes! ¡Es muy riesgoso!", "Esperemos", "Posterguemos", "Cuando mis hijos crezcan". Y le creíste al miedo, no a ti.

Tú eres el único recurso que tienes para la misión de tu vida. Nadie te puede ayudar mejor que tu propia mente. Ella es el motor de tus ideales. No permitas que el temor sea tu enemigo oculto.

Te pregunto: ¿Necesitas más evidencias sobre cómo opera nuestra mente en relación con el éxito? En estos jóvenes fue 90% inspiración y 10% experiencia.

Para alcanzar un proyecto de vida con un *handicap* en contra como el de estos jóvenes, se requiere creer mucho en ti mismo.

Obsérvalo de esta forma: Tú eres el único recurso que tienes para la misión de tu vida. Nadie te puede ayudar mejor que tu propia mente. Ella es el motor de tus ideales. No permitas que el temor sea tu enemigo oculto. *En lugar de absorber la ansiedad, del miedo al fracaso, observa la vida como un desafío con el espíritu combativo necesario para triunfar.* Esta forma de pensar te instala en el mundo de las oportunidades y de las múltiples alternativas de acción. De lo contrario tú te transformas en tu propio enemigo.

Confía en tu inteligencia, pensando que cuando tomes una decisión siempre deberás ajustar tus pasos, con nuevas decisiones para corregir el rumbo, y eso es normal. Lo que no es coherente es que te juzgues a ti mismo si las cosas no salen como querías, eso te debilita. Hasta el acero se dobla cuando lo exponen al fuego.

"El pasado y nuestro presente no se comparan con lo que hay para ti en el futuro."

HENRY DAVID THOREAU

Asume el control

"La fe es la capacidad de ver lo invisible y creer lo increíble"

Un buen amigo es capitán de un avión comercial y me comenta que la mayor parte del tiempo un avión comercial se sale fuera de curso; es necesario que el piloto esté rectificando el rumbo. Los vientos desvían inevitablemente la nave. Cuando me comentó este tema pensé que se trataba de algo muy semejante a lo que sucede en nuestra relación con el éxito. Sólo que cuando nuestro avión se sale de curso nos frustramos, pero deberíamos estar más enfocados en rectificar la ruta que en abandonar el viaje. Las personas de éxito se concentran en la solución que deben dar a la desviación, no se deprimen porque sienten que las cosas no salen como quieren. Ésa es una actitud perdedora en la vida. Para lograr llegar a cualquier sitio necesitas tres ingredientes: empezar a caminar, no detenerte jamás y rectificar todo el tiempo el rumbo. El entorno no siempre estará de tu lado, y es probable que sean varios, por eso el secreto de tu madera de triunfador es la actitud que tomas ante los embates del entorno.

Enfócate en la ruta y toma el control del avión de tu vida para llegar a tu destino. El secreto no es sólo llegar sino controlar la ruta. Como dicen quienes han vivido el triunfo: "El éxito está en controlar el camino para llegar a la meta". Es como subir una montaña. Subir en helicóptero es un gran placer, pero escalar una montaña y llegar te da una enorme sensación de éxito.

El pasado está en tu cabeza, pero el futuro está en tus manos.

Como vemos, la mente está ahí; ella puede conducirte al fracaso más rotundo o al éxito jamás imaginado. Necesitas llenarla de información que produzca éxito porque el temor confirma que desconoces tu naturaleza humana. Necesitas entrenarte para el éxito o vegetarás el resto de tus días detrás de un escritorio. El pasado está en tu cabeza, pero el futuro está en tus manos. Observa detenidamente dónde enfocas tu mente: en el temor o en el riesgo. El temor, aseguran muchos psicólogos, tiene su origen en nuestros estados emocionales y por ello debemos controlarlos y no que ellos nos hagan sentir pequeños.

Dice un refrán: "A menudo lo que tememos es mucho menos peligroso que la meta que nos pusimos".

Las personas con las que me he entrevistado, con mentalidad de éxito, afirman que un fracaso es un éxito a medias. Sólo le falta un paso más.

Dice la historia que en el siglo XIX, en el este de Estado Unidos, un buscador de minas llamado T. C. tuvo un sueño. En su sueño veía una montaña flotando sobre un lago lleno de dólares de plata. Era una imagen que se le repetía constantemente. Años más tarde, mientras conducía su mula a través del desierto de Mojave, vio una montaña que se parecía a la de su sueño. La montaña era un enorme bloque de granito. Viendo eso fue a la oficina local de reclamaciones y registró la parcela de tierra con su montaña. La historia dice que un hombre muy acaudalado llamado Cornelius Vanderbilt, que era el magnate ferroviario más grande de la época, se enteró del registro de T. C. y le ofreció financiar la operación minera por el 50%. Durante el primer año abrieron un profundo túnel, pero no encontraban más que granito. Continuaron cavando más de 200 pies, hasta que Vanderbilt se cansó. Le dijo a T. C.: "Hasta aquí llegué, ya no invierto más", y se fue, pero T. C. no quiso darse por vencido, reunió algunos mineros y continuaron cavando poco a poco, y a 210 pies de profundidad se encontraron con una enorme pared de plata. El famoso T. C. era Thomas Comstock, quien habiendo seguido su sueño encontró una veta de plata enterrada. La veta Comstock fue la mina de plata más rica jamás encontrada en Estados Unidos. La actitud de este minero nos demuestra, una vez más, la importancia de luchar por tu visión y tus convicciones.

Te aconsejo pensar en lo que pierdes si abandonas tu proyecto, y en lo que puedes ganar si lo llevas a cabo.

Para lograr lo que más anhelas en tu vida se necesita una sola persona y ésa eres tú.

Los seres humanos vivimos en promedio entre 80 y 95 años y el resto del tiempo lo pasaremos en un mundo que desconocemos. Entonces, dime: ¿Tienes algo que esperar? ¿O estás aguardando la segunda vuelta en la reencarnación? Soy un convencido de que Dios nos puso en esta tierra por un tiempo relativo para que descubramos en ese tiempo la razón por la cual nacimos, nadie puede hacerlo por nosotros.

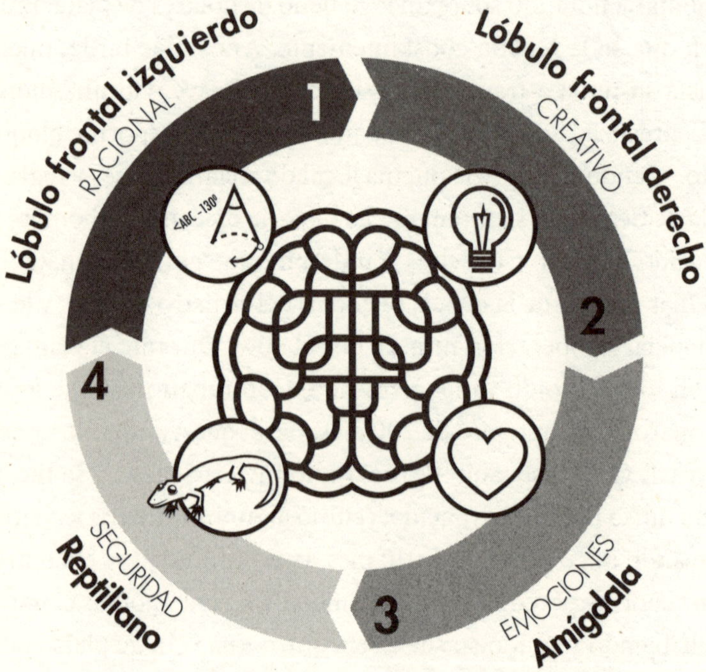

PREGÚNTALE A TU MENTE 11:

¿Estoy dispuesto a cambiar las creencias que me limitan?
¿Qué hábitos viejos quisiera eliminar finalmente?

Si no hubiera límites, ¿qué me gustaría hacer con mi vida?
¿Qué condicionamientos me gustaría cambiar?

¿Qué comenzaré a hacer distinto en mi vida?
¿Qué no me perdonaría dejar de hacer en mi vida?

¿Ante los riesgos veo una oportunidad o una amenaza?
¿Qué riesgo estoy dispuesto a tomar en mi vida?

CONCLUSIÓN

¿De qué me doy cuenta al hacer un resumen de lo que respondí?

CAMBIO 11
¿Qué cambios haré? y ¿con quién los compartiré?

Si deseas recibir estas preguntas en línea ve a:
https://borghino.mx/arriesgate

CAPÍTULO 12

TU DESTINO SE CONSIGUE AL RESOLVER PROBLEMAS

“Cambia el enfoque de tus problemas”

Nelson Mandela

“Cuando Mandela habla el pueblo escucha”

Te contaré una breve historia acerca del líder más grande del siglo XX. En 1999 el presidente de Sudáfrica, Nelson Mandela, celebraba sus 88 años. Había pasado casi 25 años en prisión a causa de su lucha contra el *apartheid*. Su fortaleza fue puesta a prueba durante esos años de encarcelamiento, pero la fe y la convicción inquebrantables que poseía finalmente lo hicieron triunfar, hasta llegar a convertirse en el presidente de su país.

La confianza en uno mismo es un hábito que debe ser finamente tejido y fortalecido, tal como lo hizo Mandela durante su encierro. Mientras esa confianza se construye, con mucha fuerza de voluntad, tendrás que pasar tiempos muy difíciles, morder el polvo muchas veces.

Mandela se enfrentó a ese reto y ganó. Cuando fue nombrado presidente, en 1994, en su discurso de toma de posesión manifestó lo siguiente:

- El temor más grande no es la incertidumbre.
- Nuestro temor se manifiesta por no ser suficientemente fuertes ante la adversidad.
- ¿Somos obstinados y valientes?
- Jugar a ser pequeños no nos sirve.
- No hay ningún mérito en encogernos de miedo, porque la gente que nos rodea y nos ama no quiere sentirse insegura compartiendo la vida con alguien así.
- Si somos valientes y hacemos un éxito de nuestra vida, también les daremos a los seres que nos rodean la oportunidad de triunfar.
- Cuando nos liberemos de los temores, nuestra presencia contagiará a todas las personas queridas que nos rodean.

Como observas, su mensaje fue un tributo a la confianza y el perdón. El día que tomó posesión y dio su mensaje a la nación tuvo a su lado a los dos carceleros que lo custodiaron todo el tiempo. Los perdonó. Ahí estaban sentados junto a él como símbolo de igualdad. Fue un verdadero acto de humildad pocas veces visto. Es necesario incorporar este tipo de humildad, porque los fracasos del pasado van ablandando nuestro espíritu. *Cuando te liberas de los rencores a través del perdón tu vida cambia para siempre.*

Te recuerdo que cuando tienes temor y rencor significa que estás luchando contra ti mismo. No es posible resolver tus problemas exteriores si vives una lucha interna contigo mismo.

Será necesario fortalecer tu ser para cambiar tu hacer. Si no lo logras, te transformas en tu propio enemigo, pero con aspiraciones de triunfo. Eso es irracional, inconscientemente una actitud de perdedor. El día en que finalmente renuncies a la pelea interior, ese día podrás vivir en paz, en libertad y ser tú mismo.

Te comparto la siguiente reflexión:

- ¿Cuál es el secreto del éxito?: ¡Tomar buenas decisiones!
- ¿Cómo tomamos buenas decisiones?: ¡Con la experiencia!
- ¿Cómo obtenemos la experiencia?: ¡A través de malas decisiones!

El conocimiento no sólo es producto de lo correcto, sino también de los errores cometidos.

Éxito es saber resolver problemas

"Asume el control de lo que sucede, es la única forma de resolver problemas"

Todo riesgo tiene la posibilidad del fracaso en su intento, pero una mente con actitud ganadora comprende que el fracaso es parte de la jugada. Éste es un principio que todos conocemos, pero no aceptamos. En cualquier empresa, al diseñar su estrategia, el mecanismo de prevención forma parte de la misma visión para proteger su éxito. Por ello muchos crean un plan B de protección. Pero en nuestra vida personal no tenemos esa actitud de crear un plan B. Tomamos una acción y cuando surge la reacción en contra nos criticamos, nos molestamos o abandonamos el proyecto. En el futuro deberás cambiar tu actitud para que tomes acciones correctivas en el momento en que surja la reacción en contra de igual intensidad. Eso te hará más inteligente ante los problemas. De lo contrario no avanzarás o vivirás quejándote aunque conozcas el principio.

Los pasos que debes instalar para cualquier decisión en la vida son:

1) **Meta:** Inicias el camino hacia tu objetivo.
2) **Fracaso:** Cometes un error y te desvía.
3) **Aprendizaje:** Analizas variables no consideradas y rectificas la decisión.

4) **Mejoras:** Planeas la nueva ruta de acción.
5) **Metas más ambiciosas:** Continúas por el nuevo camino hacia el objetivo.

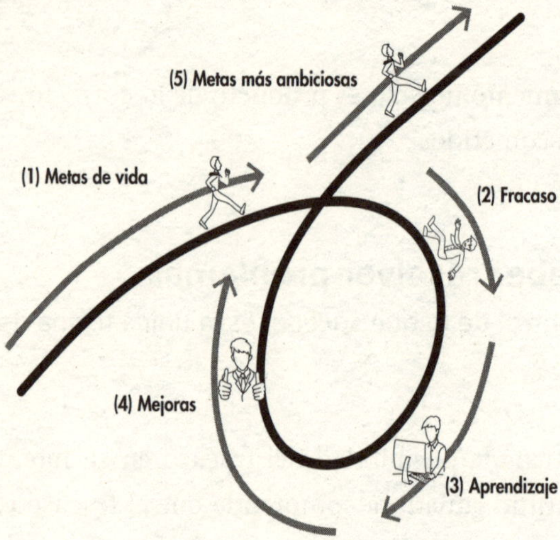

Las personas con mentalidad perdedora no dan estos cinco pasos, sino que integran emociones: se deprimen, se recriminan, se critican duramente, se frustran o abandonan el proyecto. Es decir, integran emociones como si fueran los culpables. En lugar de sentarse con su grupo o su familia a analizar racionalmente soluciones, centran el error en su persona, culpándose de lo que sucedió. Pierden el foco, ya que el problema necesita solución, no recriminaciones personales.

En el futuro no pierdas el tiempo en ello. Ataca, enfócate en el problema, cuanto mayor sea, más es la necesidad del enfoque. Incluso puedes integrar a otras personas en el proceso de análisis, formar un equipo, integrar a tu familia en ello, pero no puedes dejarte hundir en el lodo del rencor con que te alimentan las emociones.

No importa el tiempo que lleve encontrar la solución, trabaja intensamente en ello día y noche y continúa tu nuevo camino en ascenso. Lo que le importa a tu vida es que continúes el camino. No pierdas el tiempo en buscar culpables o recriminarte, para que tu ego se alimente del rencor. Recuerda: "El éxito está en pasar de fracaso en fracaso sin perder el entusiasmo".

Tener iniciativa

"Deja de pensar y comienza a actuar"

Las personas con iniciativa se caracterizan por tomar decisiones de alto riesgo. Son verdaderas máquinas de soluciones a problemas, tienen una actitud proactiva en todo lo que se proponen. Se sienten energizadas, aumentan su adrenalina, ya que ven los problemas como la antesala del éxito. Decía Soichito Honda, fundador de la empresa Honda: "El éxito está integrado por un 99% de fracasos que tuvimos en el proceso de encontrar la solución a las cosas". Saben que ése es el camino natural en cualquier decisión. El recurso de éxito como líder de tu vida es la solución permanente de problemas. Pensar así te hace vivir de una forma distinta al resto de la gente de este planeta. Ya no te preocuparás por el principio de que a toda acción corresponde una reacción en contra de la misma intensidad. Entonces estarás consciente de que cuando actúes habrá probabilidades de que el medio reaccione, te dé un golpe y te haga morder el polvo. Por lo tanto debes esperar el golpe de regreso y estar alerta, actuando a la defensiva ante los problemas potenciales. El entorno no siempre estará de tu lado; necesitas aprender a lidiar con él.

Si quieres ser un verdadero triunfador debes transformarte en una enorme máquina de soluciones. He visto que la mayoría de la gente se estresa con los problemas. Los triunfadores se concentran en el beneficio del resultado, con la mira puesta en la meta final, mientras que el resto de las personas se queda anclada en el problema. Como dice el dicho: "Cuando el sabio apunta al horizonte, los perdedores se quedan mirando el dedo". Los perdedores se quedan revolcándose en el lodo del fracaso, quejándose.

Si deseas tener grandes resultados en tu vida requieres asumir riesgos. Necesitas transitar por el camino de muchas piedras, ya que no hay grandes avenidas para los proyectos en tu vida. Recuerda lo que dice la canción: "Se hace el camino al andar". El triunfo se trata de un riesgo calculado que requiere de control, disciplina y madera de líder en tus decisiones.

"El fracaso es la oportunidad de empezar nuevamente, con más inteligencia."

HENRY FORD

Si tú no marcas el paso deberás subordinarte a los golpes que te caigan encima. Entonces tu vida será cualquier cosa menos lo que tú siempre quisiste porque te dejas influir por lo que no puedes controlar: el entorno, tu jefe, la empresa, la sociedad, tu pareja, pero tú no asumes el control. Tú no puedes evitar que el entorno te golpee, pero tu madurez se demuestra en qué haces con lo que te sucede.

Al final del camino son tus decisiones, no lo que te sucede, lo que determina tu destino. Ponte a manejar, toma control del volante de tu auto llamado destino.

Cuestiona tu mente, no te dejes

"Postergar es jugar a perder"

Debes cuestionarte si eres una persona visceral, o sea que emocionalmente culpas a los demás de lo que sucede, con palabras como: "Si no fuera por mi jefe yo sería un buen empleado", "Si no fuera por mis hijos que no escuchan yo sería un buen padre", "Si no fuera por mi equipo yo sería un buen jefe". Otros dirán: "Si no fuera por mi mujer yo sería un buen marido".

Las personas que culpan a otros les están dando el poder a los demás o a las circunstancias de lo que sucede. En cambio, si tú quieres tener una mente de éxito, al tomar una decisión asume el control y el compromiso. Lucha insaciablemente hasta doblegar las circunstancias. De eso se trata la vida. Cualquier acto de postergación te haría pertenecer al común denominador; en otras palabras: a la manada. ¿Eres tú de ese tipo de persona?

Pregúntate:

- ¿Cuál es mi actitud ante los problemas?
- ¿Los enfrento o postergo?
- ¿Culpo a otros o asumo la responsabilidad?
- ¿Me pongo ansioso, pierdo el control con facilidad?

Muchas personas saben que el éxito es su objetivo en la vida, pero sus cosas continúan sin cambio. Creen que con definir lo que quieren es suficiente, ése es sólo un deseo emocional, pero dejan el proceso sin control. Tenemos que ver las decisiones como lo que son: un compromiso que no tiene espacio para la postergación y que debe ser administrado y vigilado con todo detalle.

Ahora hazte preguntas para identificar cómo tomas decisiones:

Pregúntate:

- ¿En qué soy indeciso y no tomo la decisión?
- ¿Qué tipo de decisiones me causan inseguridad?
- ¿Qué decisión he dejado de tomar que ha dañado mi vida?
- ¿Qué decisión debo tomar que cambiaría mi vida?

Recuerda que con estas preguntas estás construyendo en tu mente el hábito de triunfar.

Sé que cuesta mucho y que lo más fácil es no decidir y no comprometerte, por eso termino citando la tan conocida frase de Albert Einstein: "Locura es esperar que las cosas cambien haciendo lo mismo".

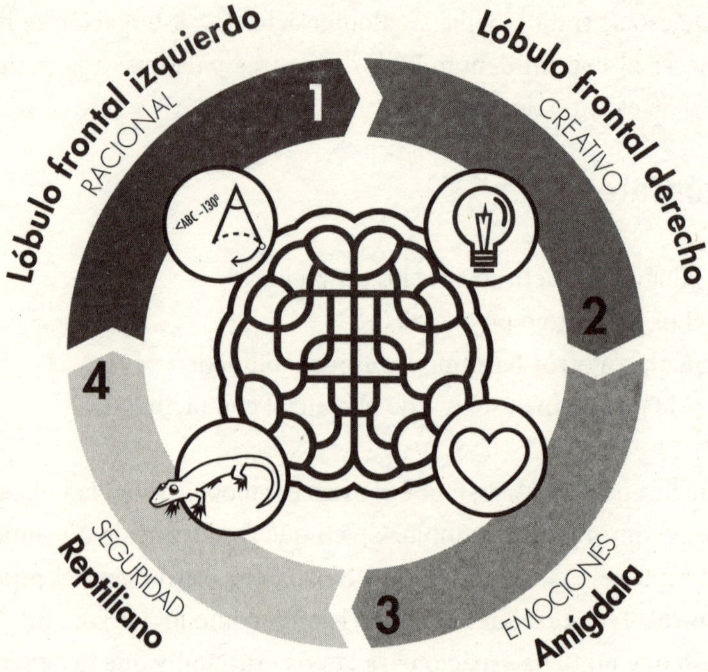

PREGÚNTALE A TU MENTE 12:

¿Soy una persona tenaz y perseverante? ¿Cómo me defino?
¿En qué estoy inconforme por no ser quien quiero ser?

¿Los fracasos que he tenido han afectado mi autoestima?
¿Acepto la posibilidad de fracasar para lograr lo que quiero?

¿Soy bueno para resolver problemas?
¿Soy una persona que pospone decisiones?

¿Qué no me he animado a hacer aún, que sí lo necesito?
¿Resuelves tus problemas o les das muchas vueltas?

CONCLUSIÓN

¿De qué me doy cuenta al hacer un resumen de lo que respondí?

CAMBIO 12
¿Qué cambios me comprometo a hacer en mi vida?

____

____

____

____

Si deseas recibir estas preguntas en línea ve a:
https://borghino.mx/arriesgate

CAPÍTULO 13

LAS METAS TRAEN EL FUTURO AL PRESENTE

"¿Vives sobreviviendo o vives en estado de creación?"

Quien mira fuera sueña. Quien mira dentro despierta

CARL G. JUNG

Es muy difícil en esta vida ser una persona feliz si no te transformas en aquello en lo que tú siempre has querido. Cuando te conectas conscientemente con lo que eres, sientes una enorme pasión, y el resultado depende de una sola persona, esa persona eres tú. No continúes buscando fuera lo que siempre ha estado dentro de ti. Seguramente en alguna área de tu vida ya has cambiado, te transformaste y eres muy bueno en ello. Tú crees mucho en las evidencias que ves de ti, en tus conductas diarias, y a partir de ahí construyes tu identidad. Te dices: "Así soy yo, así nací".

Tu visión como persona determina cómo vivirás tu presente. Si no ves futuro en tu vida es muy difícil que te levantes muy motivado cada mañana. Por lo tanto tus resultados no serán los que esperas. Es como la profecía que se autocumple. Sólo con entusiasmo es como vas forjando tu futuro. Debes de tener una imagen de cómo quieres estar. La naturaleza humana es insaciable en cuanto a la búsqueda de nuevos horizontes. En cuanto ganas una cantidad quieres más, si tienes un carro quieres otro, si hiciste un viaje quieres conocer más, necesitas algo nuevo con qué alimentar tu vida. Por ello tener metas para direccionar nuestra naturaleza es clave. Así se direcciona el éxito, no sólo saliendo a cumplir con tu trabajo por 30 años. Como dijo Steve Jobs: "Si quieres predecir el futuro, invéntalo". Eso sólo ocurre cuando tienes una visión.

Por ejemplo, imagina por un instante que tú tienes un cuerpo atlético, sabrías de antemano, por cómo te ves, que tienes un cuerpo suficientemente fuerte como para competir. Ésa sería tu identidad. También si eres una persona de carácter fuerte, al observar tus conductas reconocerás que ése eres tú, pero "si no sabes ni ves en tu mente lo que quieres, esa indefinición bloquea tu mente". Vivirás avanzando y retrocediendo sin llegar a ningún lugar. Para nuestra mente no es suficiente con saber algo, necesitamos algo más: retar nuestra mente.

Por eso las personas de éxito no compiten con los demás, ellos son los mejores, están lejos del resto. Necesitas ser el mejor en lo que haces, de lo contrario vivirás compitiendo con otros.

Para realizar cualquier cambio necesitamos practicar una y otra vez. Cuántas veces le tuvo que pegar a la pelota Rafael Nadal hasta que el golpe le saliera perfecto. ¡Miles de veces! Así se construye una nueva conducta en tu mente.

Esto significa que si tú quieres algo valioso para tu vida necesitas ser consistente y debes trabajar repetidamente hasta forjar tus hábitos para ser el mejor. La pregunta es: ¿cómo estas personas logran eso que quieren? Lo logran porque se establecen metas bien definidas y trabajan en ellas sin descanso. La mejor meta es la que se ejecuta. Necesitas integrar conductas que tienen aquellos con hábito de triunfar. Trabajan diario, toman notas, revisan su plan y luego ese plan comienza a trabajar en su mente y avanzan más rápido que los demás. Debes aprender los fundamentos del éxito a través de metas y darles seguimiento "por escrito", de lo contrario serán inútiles todos tus deseos. Un deseo sólo es útil cuando está precedido de acción, de lo contrario será inútil. Se requiere trabajar diariamente en ti y en tus metas si quieres lograr algo importante en tu vida. Así forjarás también tu ser interior, poniéndote compromisos que internamente anhelas, porque estarás construyendo un nuevo hábito en tu mente para pasar del pensamiento a la acción.

William James, un gran psicólogo estadounidense, dijo: "El descubrimiento más importante en el campo de la psicología fue que antes se pensaba que para actuar debías sentirlo primero". Ahora se sabe que es al revés, el sentimiento surge cuando comenzamos a actuar. Decía lo siguiente: "El pájaro no canta porque está feliz, sino que está feliz porque canta". Si trabajas en tus metas con energía, acabarás siendo una persona motivada que no descansará hasta lograrlo. ¡Si crees que puedes, puedes más! Aunque te deprimas si comienzas a actuar como si fueras feliz, acabarás sintiéndote feliz. W. James también descubrió que "el comportamiento cambia el sentimiento y el sentimiento cambia el pensamiento". La mayoría de la gente dice: "Lo haré cuando me sienta bien". Ése no es el camino. Comienza a actuar de inmediato y tu actitud cambiará.

Pon un tiburón en tu vida para ponerte en acción

Hay una historia del pescado fresco japonés que quiero compartirte. A los japoneses siempre les ha gustado el pescado fresco, es parte importante de su dieta, pero las aguas cercanas a Japón han ido disminuyendo su producción año tras año. Entonces, para alimentar a la población, fueron construyendo barcos más grandes cada vez, para ir mar adentro. Mientras más lejos iban los pescadores, más era el tiempo que les tomaba regresar. Si el viaje tomaba varios días el pescado no estaba tan fresco cuando llegaban a puerto. Para resolver el problema pusieron congeladores en los barcos. Pero a los japoneses no les gustaban los pescados congelados. Las compañías pesqueras decidieron entonces poner enormes estanques y colocar dentro los peces. De esa manera pescaban y mantenían el pescado vivo. Pero vieron que al pasar los días los peces dejaban de moverse en el estanque, y esto tampoco les gustaba a los consumidores, su carne no sabía igual.

La solución fue poner en esos estanques también tiburones. Sin duda los tiburones se comerían algunos peces, pero el resto tendría que moverse más rápido. Con este método desafiaron a los peces, y éstos, para mantenerse vivos, tuvieron que nadar todo el tiempo, y así se mantienen frescos y saludables.

Esta metáfora del tiburón debes aplicarla a tu vida. Necesitas tener nuevas metas, que sean un reto. Para ello debes meter un tiburón en tu vida. Un nuevo reto, un nuevo horizonte que te haga dar más de ti para alcanzarlo. Unos cuantos tiburones le harían muy bien a tu vida porque te harán salir de tu zona de confort. Te pondrás en acción y harán que tu vida sea más saludable y exitosa.

¿Por qué son importantes las metas?

"Una meta es una predicción que debes transformar en realidad"

El futuro que quieres construir a través de las metas será muy diferente a la realidad que hoy vives, pero puedes construir tu futuro si tienes valentía y constancia. La única forma para descubrir los límites de lo posible es que te aventures a descubrir los límites de lo imposible. Así forjarás tu mente y evolucionarás.

Con metas escritas no dejas nada al azar, te liberas de los caprichos del entorno, de la casualidad o de lo que un jefe o empresa decida de tu destino. Arriésgate y planea tu futuro, pero no esperes que te asciendan de puesto para ganar más, por favor no lo hagas, porque eso te lleva a pensar en pequeño. Construye tu crecimiento a través de "metas escritas". Con metas por escrito desarrollarás la "mente preventiva" y tu mente se atreverá a hacer lo que era imposible.

Un estudio realizado a los soldados estadounidenses que habían sido tomados presos en la guerra con Vietnam y luego liberados demostró la fuerza que tiene la visualización en nuestra vida. Los soldados rescatados con mejor salud física y mental de esas cárceles como jaulas fueron aquellos que durante su encarcelamiento en celdas hechas de bambú, la mayoría hundidas en el agua o en el fango, pensaban en cómo sería su vida fuera de ahí. Uno de ellos decía que se veía tocando el piano en conciertos, otros jugando golf con sus amigos o con su familia. Todos ellos tenían imágenes de cómo sería su vida cuando salieran de ese lugar. Esto nos enseña la importancia que tiene visualizar el resultado final y la manera en que lo alcanzaremos. La fuerza mental es enorme. La imaginación es la herramienta, porque la razón te empuja a aceptar tu realidad, pero la imaginación te da persistencia.

Ellen Johnson, activista estadounidense, dijo: "Si tus sueños no te dan miedo, entonces no son suficientemente grandes". Debes sudar con el solo hecho de pensar en ello. Debe ser un acto heroico y atrevido de tu mente. Una vez escuché un chiste, muy simple pero descriptivo, acerca de un héroe, que decía así: Un multimillonario hizo una fiesta en su casa alrededor de la alberca, y la llenó de cocodrilos. El millonario dijo: "Le doy un millón de dólares a quien se arriesgue a cruzar nadando por la alberca". ¡Nadie dijo yo!, aumentó a dos, a tres millones y nadie. Entonces dijo: "Le regalo mi casa a quien cruce". En un instante se oyeron gritos y pataleos. Había un joven nadando y peleando con los cocodrilos; finalmente, todo mordido, llegó al otro lado. El dueño le dijo: "Te felicito, eres un héroe, eres muy valiente". El joven respondió: "Muchas gracias por su halago, pero primero quiero saber quién fue el chistoso que me empujó al agua". Así es también la vida, debes probarte a ti mismo, debes lanzarte al peligro de la incertidumbre, porque el nivel de valentía no es una deducción intelectual, porque ya que analizaste la situación, necesitas pasión para aventarte al riesgo e ir resolviendo los peligros mientras los enfrentas y te quitas las mordidas de los cocodrilos del entorno.

Un estudio realizado en la Universidad de Stanford dio por resultado que sólo 3% de los alumnos que se graduaban de la universidad tenía metas por escrito. Realizaron un seguimiento de jóvenes graduados y 10 años después descubrieron que los que habían tenido metas "por escrito" lograron resultados económicos y personales tres veces más que todos los otros juntos. ¡Increíble! Ése es el poder que tendrán las "metas por escrito" en tu éxito personal si te comprometes con ellas. Debes tener proyectos de vida en diversas áreas: económica, social, familiar, laboral, física, espiritual. Para tener un enorme resultado, debes planearlo. Lo que eres hoy ha sido producto de las decisiones que has tomado en el pasado, pero si quieres cambiar tu futuro deberás transformar tu realidad hoy cambiando la forma en que tomas tus futuras decisiones. Las metas guiarán tus pasos para ello.

Si tienes un por qué encontrarás el cómo

"Cuando te comprometes con una meta se produce un cambio químico en ti que concentra toda tu energía en conseguirlo"

Un ingrediente fundamental para que las metas se lleven a cabo y no las abandones es saber por qué las quieres. Debes de tener una razón de fondo. En la vida no sólo debes desear cosas, debes tener un motivo para que ello tenga sentido. Necesitas que lleguen al alma y te emocionen profundamente. *Tú debes ser lo que quieres tener.* No sólo debes enfocarte en las cosas que quieres tener, ya que necesitas ir más profundo que un deseo. Un día Albert Einstein dijo: "El nivel de pensamiento que requieres para darte cuenta de un problema no es el mismo que requieres para salir de él".

Una cosa es definir lo que quieres y otra es llevarlo a cabo; la ejecución necesita otras habilidades porque es de un nivel de complejidad distinta. La solución requiere un cambio de paradigma (ésta es una palabra de origen griego que significa forma de ver). Tienes que verte diferente para llegar. Recuerda que tienes que transformarte en el ser que piensas.

También debes transformarte en la persona que quieres llegar a ser, ya que ése es el mecanismo transformador de tu realidad. Si tú te transformas, es casi seguro que triunfarás con tus metas, porque tu mente se transforma en aquello que más anhelas y no hay barrera que te condicione. He comprobado que la mayoría de las personas no le dan importancia al origen de sus deseos. Saben que deben tener metas, pero no trabajan en su transformación y cambio personal. No integran su ser al proyecto, y eso es un grave error. Debe haber un motivo por el cual quieres ese resultado. Necesitas saber *por qué* deseas dichas metas. Esa definición surge de lo más profundo de tu ser, tiene un motivo emocional y una razón que nace de tu conciencia. Representa tus anhelos más profundos de vida, es *tu destino* el que está en juego. Por ello la imaginación, que está conectada con tus emociones, crea la pasión por lo que más quieres, y eso necesitas tener. Definirá tu razón de haber vivido para que no sólo deambules, trabajando duro para pagar tarjetas y deudas con los bancos. La razón de *por qué* quieres algo siempre va primero, porque eso transforma tu mente; el proceso por escrito es el mecanismo lógico de cómo llevarlo a cabo, que es un paso posterior a la definición que viene de tu mente. El mecanismo lógico que opera en tu mente es entonces por qué las quieres y posteriormente cómo las vas a lograr. Si el por qué tiene fuerza, tu proyecto de vida surgirá de tu corazón y se hará realidad, mi querido lector, no habrá nada que te frene.

La fuerza de la insatisfacción

"La grandeza surge al aferrarte a un sueño"

Para no abandonar tus metas escribe las respuestas a las siguientes preguntas: ¿Qué precio pagarías si no las alcanzaras? ¿Cuál sería la consecuencia? ¿Qué precio pagarías si lo logras? Te invito a que pienses: ¿Cuánto perderás por abandonarlas? ¿De qué estarás arrepentido? ¿Qué no te perdonarás jamás? ¿Que está en juego? La insatisfacción que te cause se debe transformar en una palanca de motivación en ti y a su vez en la clave para que triunfes. Si te enfocas apasionadamente en tu meta ni siquiera verás las sombras de fracaso, porque cuando miras de frente la luz de la oportunidad no es posible ver las sombras de posibles derrotas.

Primero: Analiza en qué áreas de tu vida estas insatisfecho, qué no has logrado, qué has anhelado siempre. Haz una lista.

Segundo: Necesitas definir las motivaciones que te harían lograr tus metas. Define la razón por la cual las quieres. Esto encenderá tu motor interno que no te dejará desistir.

Debes tratar a la vida con respeto poniéndote retos y planes de acción. En la vida debes dejar de esperar, necesitas asumir riesgos. *Las oportunidades en la vida se forjan, no se te dan.* Una vida sin riesgo es inútil, debes integrar metas que signifiquen riesgos. En el momento en que decides alcanzar una meta, curiosamente, aún no tienes las habilidades desarrolladas, éstas se van forjando en la medida en que te pongas en acción y escribas los avances que vas teniendo y monitorees tu desempeño.

Si trabajas en esas metas escritas con responsabilidad, podrás enfocarte y sacar la grandeza que llevas dentro de ti, que sólo surgirá si lo provocas y corres el riesgo que sea necesario para que se cumpla esa ilusión que tienes. De esa forma te redescubrirás y encontrarás la razón de tu existencia.

Construye tu destino

"El compromiso con tu meta inicia con el primer paso, porque demostrará que te has comprometido"

La confianza en ti mismo será un ingrediente fundamental para que puedas conseguir tus metas. Debes creer en tu inteligencia, en tus habilidades, en tu poder interior y comprender que las habilidades y el conocimiento se van desarrollando con el esfuerzo.

Hace muchos años hice un ejercicio que realmente me impactó y me hizo reflexionar acerca de mi vida.

El ejercicio decía así: Imagina que estás en un velorio de alguien muy muy querido, donde hay mucha gente. Las amistades y seres queridos están ahí para darle su último adiós. Todos, uno a uno, se acercan al féretro y lo despiden con cariño. Tú lentamente te vas acercando al féretro con mucha emoción por la amistad que los unía, y en el momento que llegas al cajón miras dentro y ves que esa persona que está ahí eres tú. Tú eres a quien velan. Todos tus amigos están ahí, toda tu familia, ahí están en tu honor, todos vinieron por ti. La pregunta que debes hacerte es: "Si fuera mi funeral, ¿qué me gustaría que mis amigos, mis hijos, mi familia dijeran de mí? ¿Qué vida tuve? ¿Qué tipo de persona fui? ¿Qué logré? ¿Qué dejé al final de mi vida? ¿Cuál fue mi legado?". ¡Escríbelo!

Es importante que tomes en cuenta que el cumplimiento de tus metas construyó tu destino. Ese destino que construiste fue a través de tus acciones, retos, pasión, con ellos edificaste tu vida, que muchos le llaman destino. Por ello, si estás comprometido con tu destino, trabaja en tus metas.

El día que hayas alcanzado tus metas habrás descubierto la grandeza que tenías y la capacidad natural que existía en ti. Lo importante es que habrás entrado al nuevo mundo de la abundancia y de tu futuro. A partir de hoy todo será muy distinto a lo que estabas acostumbrado a obtener de esta vida.

Quiero que entres en el mundo del riesgo, del coraje y de las oportunidades, pero escríbelas, ponles fechas. Seguramente a partir de ese momento podrás ver distinto tu futuro, ya que el legado que dejes a tu familia, a tus amigos y a la sociedad será de enorme contribución y habrá valido la pena tanto esfuerzo por alcanzarlas.

Cuando termines este libro debes tener un cuaderno de metas listo para trabajar en tu destino. Integra a tu familia en el proceso. Integra a tus hijos desde sus seis años en adelante, y si están casados o no viven contigo, también.

Si deseas recibir el plan de acción que usamos en nuestros procesos, solicítalo a arriesgate@borghino.com.mx.

1) **Escribe tus metas (visión), el qué**. Esto ayuda al hemisferio izquierdo del cerebro, que es el racional, para que el hemisferio derecho, que es el de la imaginación, defina una imagen de cómo será tu vida en cada una de las áreas en los próximos 12 meses.

2) **Escribe el por qué.** Al lado de cada meta debes escribir "por qué" lo quieres. Si no puedes escribirlo con precisión, significa que no es algo que deseas con pasión, no tiene un verdadero propósito. Las emociones deben estar incluidas en tu plan para que trabajen a tu favor. Si no puedes apártalo y quédate con los que tienes más precisión y claridad.

3) **Escribe el cómo: jerarquízalas.** Ahora dales un orden de prioridad desde la más importante a la menos importante para ponerte en acción, para luego enfocarte sólo en las más grandes, para que éstas sean un desafío. Define las fechas de revisión y los pasos que necesitas para llegar.

Las metas funcionan como si fueran una lupa. Si tomas una lupa y la pones en un rayo de sol que cae sobre la mesa, en minutos verás cómo se quema la mesa. Así sucederá en tu vida, enfocarás tu inteligencia y talento al servicio de una meta. Cuanto más difíciles los retos, más debemos tener la mente enfocada. Cuando pierdes el enfoque, tu

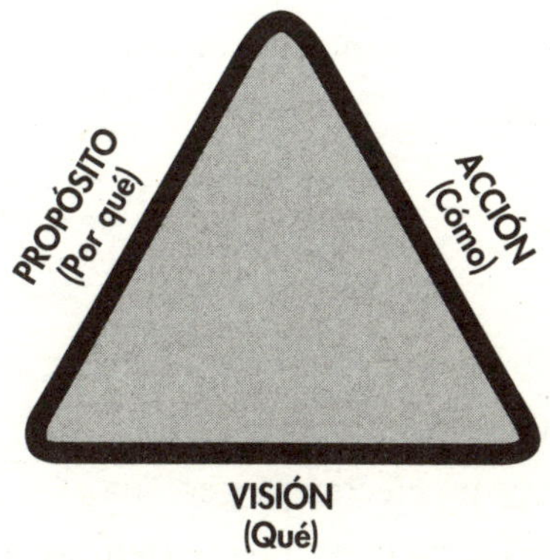

mente fortalece lo intrascendente. Rene Descartes decía: "Todo aquello que *no* sea un compromiso con *lo esencial es* inconscientemente un compromiso con lo *intrascendente*".

¿A qué sales todas las mañanas?

"Haz esto todas las mañanas y tendrás lo que quieres"

Saber por qué sales todas las mañanas a trabajar te dará mucha confianza, y una nueva visión de tu día. Es un arma letal contra la incertidumbre. Te aconsejo hacer cada noche una lista de actividades que debes hacer al otro día en beneficio de tus metas. Tener una idea enfocada es lo que refuerza tu mente a no darte por vencido, así es como construyes tu mente ganadora. Ella tiene la característica de actuar de inmediato, no bien define su meta. Al éxito le encanta la velocidad, ya que tiene una buena recompensa.

Sugiero que antes de dormir hagas una lista de cosas que lograste durante el día. Esta rutina de tener una lista en las mañanas y la revisión al final del día antes de dormir te hará tener una actitud de triunfador, no falla. La razón por la cual es tan efectivo es porque tu mente cambiará la realidad que vivas ese día. Recuerda que tener un propósito por el que trabajas te guía y te marca el camino. Es como el GPS que te marca el camino a tomar si tienes claro el destino. Por ello debes tener claro en tu conciencia que la vida no existe si tú no le imprimes un propósito.

Consejos:

- Aprende a fracasar hasta tener éxito.
- Que los fracasos no afecten tu persona.
- Aprende a expresarte de ti mismo siempre en forma positiva.
- Aprende que las actitudes te llevarán al éxito o te harán fracasar. Cuídate de ellas.
- Analiza tus creencias y condicionamientos del pasado, ya que pueden dañar tu presente.
- No le temas al riesgo, sólo es una nueva oportunidad.
- Aprende que tu vida está donde te enfoques.
- Cree en ti y en tu poder interior, es el que te llevará al éxito ilimitado.
- Construye en ti los hábitos del éxito.
- Ejercita las preguntas todas las mañanas y todas las noches. Notarás un gran cambio en pocos meses.

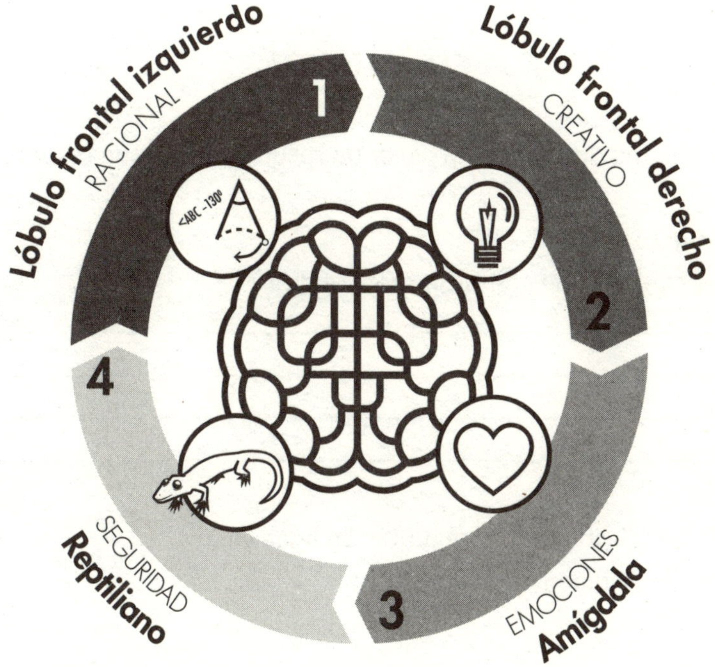

PREGÚNTALE A TU MENTE 13:

¿Tengo mis metas definidas por escrito?

¿Reviso con cierta periodicidad el avance de mis metas?

¿Veo que mi vida va por el camino indicado?

¿Tengo bien claras mis metas importantes?

¿Si no tuviera miedo a qué me arriesgaría?

¿De dónde surgieron los miedos que tengo?

¿Qué debo cambiar de mi persona para alcanzar mis metas?

¿Qué riesgo aún no he querido correr en mi vida?

CONCLUSIÓN

¿De qué me doy cuenta al hacer un resumen de lo que respondí?

CAMBIO 13

¿Qué cambios me comprometo a realizar?

____

____

____

____

Si deseas recibir estas preguntas en línea ve a:
https://borghino.mx/arriesgate

CAPÍTULO 14

PREGÚNTATE QUÉ QUIERES DE TU VIDA

"La sabiduría es un recuerdo sin carga emocional"

Durante muchos años nos sacrificamos corriendo todo el día, subiendo por la escalera del éxito. Con el paso del tiempo muchos se percatan de que han estado yendo a toda velocidad, pero se dan cuenta un poco tarde de que la escalera siempre estuvo colocada en una pared equivocada. Llegamos a un lugar que no nos satisface, pues vamos muy de prisa enfocados en acumular o avanzar.

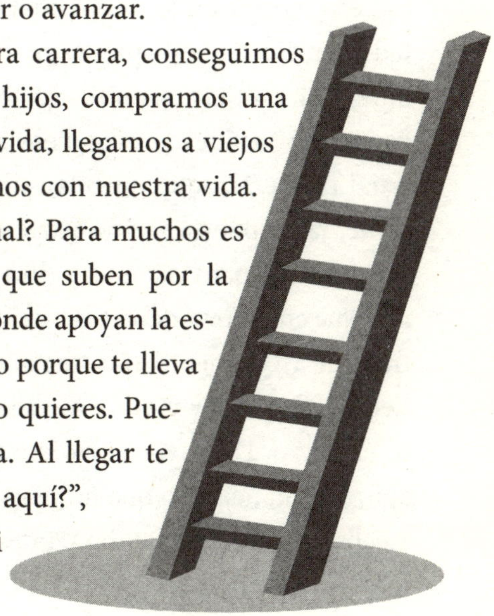

Terminamos de estudiar nuestra carrera, conseguimos un trabajo, nos casamos, tenemos hijos, compramos una casa, pagamos colegiaturas toda la vida, llegamos a viejos y luego nos preguntamos qué hicimos con nuestra vida. ¿No es increíble esa pregunta al final? Para muchos es más importante la velocidad con que suben por la escalera del éxito que la dirección donde apoyan la escalera. Ese error te puede costar caro porque te lleva a un destino que frecuentemente no quieres. Puedes ir a toda velocidad y en reversa. Al llegar te dices: "¿Qué hice?", "¿Cómo llegué aquí?", "No comprendo cómo estoy aquí". Si no defines lo que te da sentido de propósito, continuarás saliendo todas las mañanas sólo para ganar, pagar deudas y continuar con esa rutina por muchos años hasta que te hagas viejo. No importa el lugar al que llegues, sentirás que querías algo mejor.

Con el tiempo he confirmado que la mayoría de los seres humanos carece de un plan de vida. La gente no logra su realización personal por tener poca inteligencia sino por omisión de un plan. El secreto está en la definición del camino, no en la inteligencia neuronal. Frecuentemente no construyen un plan donde integran a su familia en su desarrollo. Por el contrario, cada quien trabaja solo en lo suyo.

El proyecto de realización desarrollado en conjunto con la familia no forma parte de su ejercicio de planeación. Recuerda que el pensamiento te da la dirección donde pondrás tu energía. Vivimos en lo urgente pero lo importante, que es lo que define tu dirección, no forma parte del plan. Sólo estamos concentrados en los escalones del éxito. Vivimos en la vida del reloj que marca la velocidad. No vivimos en el mundo de la brújula que define la dirección de tu vida.

La Biblia nos dice: "Lo que un hombre piensa en su corazón, así es", eso significa que somos aquello donde está puesta nuestra voluntad. Tu prioridad está puesta en logros materiales de corto plazo, en tu quincena, en tu mes, en tus gastos, en tu nuevo carro, en tu próximo viaje o en tu nueva casa. ¿Pero cuál es tu pared?, ¿cuál tu destino?, ¿cuál tu meta?, ¿qué quieres verdaderamente? Para la mayoría de la gente, la respuesta forma parte del azar, algunos por coincidencias tienen éxito, pero casi todos divagan por la vida buscando lo que tienen que encontrar dentro de su mente. Tu destino no se te da sólo por trabajar arduamente año tras año y avanzar con rapidez sin invertir tiempo en pensar y vivir consciente de la dirección que le defines a tu esfuerzo. De lo contrario estarás como aquel que dice: "Estoy tan apurado manejando que no tengo tiempo para echar gasolina". Parar y echar gasolina te ayudará a descubrir si vas en la dirección correcta. Nos educaron a cambiar la llanta ponchada mientras viajamos a

140 kilómetros por la autopista de la vida. Queremos rediseñar el avión mientras vamos a 10 000 pies de altura. ¡A eso le llamamos productividad! Debes tomar conciencia de que es tan importante la dirección como la velocidad que les imprimes a tus acciones. Es tan importante el reloj como la brújula, van juntas.

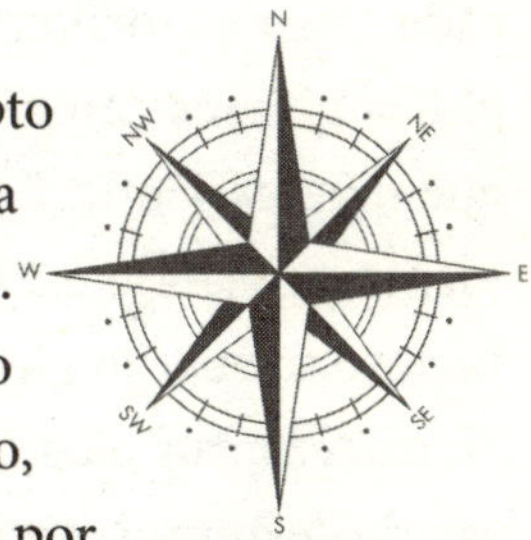

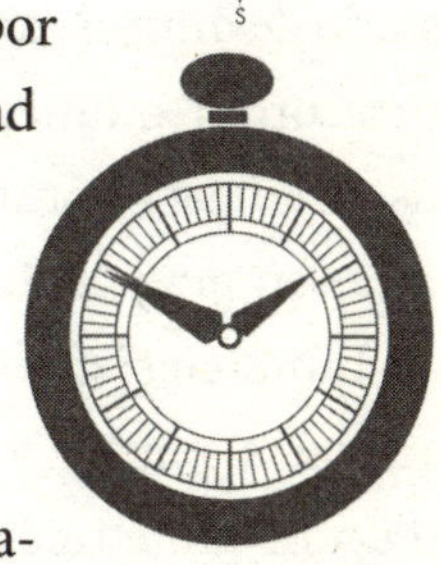

Los griegos en su época tenían claro este concepto que te comento; le decían al reloj Chronos y a la brújula Kayros, no podía haber uno sin la otra. No quiero decir que los exitosos de este mundo siempre supieron lo que querían, no, al contrario, encontraron el éxito buscando mientras corrían por la vida. Para ello, los exitosos reducen la velocidad todo el tiempo, para rectificar constantemente la dirección de su esfuerzo (Kayros). Se ha confirmado que las personas exitosas son más reflexivas que las menos exitosas. Asumen riesgo tras riesgo en la búsqueda del destino que tienen diseñado en su mente, pero confiesan que vivían concentradas en alcanzar su meta todo el tiempo, siempre estuvieron conscientes de su búsqueda. El uso de la razón es la brújula interna que tiene tu mente, y debes aprender a usarla, de lo contrario podrás trabajar mucho y avanzar en la dirección equivocada porque usas sólo tu tiempo.

Resumamos la reflexión de que para triunfar en esta vida con metas, necesitas dominar tres recursos:

1) La visión es la que te da dirección (brújula).
2) La velocidad es la que acelera la búsqueda (reloj).
3) La motivación es la que te estimula a la acción.

La mente: tu máquina perfecta

"Aprende a dirigir tu mente, no dejes que ella te gobierne"

La mente humana es una máquina increíblemente compleja y sofisticada, pero es sorprendente lo simple que es influir en ella. Por ejemplo, si quieres cambiar su humor no tienes más que enfocarla en lo que quieres sentir. Es muy fácil sentirse triste. Inténtalo en este momento pensando en algo triste que te sucedió y verás lo fácil que es. Incluso tu cuerpo puede cambiar de postura, tu rostro expresar gestos de tristeza, tus ojos mostrarán lo que sientes, y en unos segundos tu estado de ánimo cambiará. Seguramente si insistes en ello y te enfocas en recordar momentos dolorosos de tu vida, comenzarás a sentir la tristeza, hasta llorar. Poco a poco tendrás menos ánimo. Todo esto lo logras en pocos minutos.

También si quieres sentirte bien y contento, no tienes más que comenzar a sonreír y recordar los momentos más felices de tu vida, y en un instante tu cuerpo y la expresión de tu rostro cambiarán. Ante estas evidencias, podemos moldear tan fácil la mente con un recuerdo emocional sin que sea real en este momento, sólo con recuerdos. Imagínate usar este poder que tiene tu mente teniendo una visión de vida clara y tus metas bien definidas. Esto cambiaría radicalmente tu conducta ante la vida y podrías transformarte en la persona que siempre has anhelado sólo con educar tu mente a pensar en grande con una visión predeterminada. Entonces la velocidad que hoy le imprimes a tu vida tendría una dirección determinada y sentirías que vale la pena semejante sacrificio. Comprenderás entonces la importancia de tener un *enfoque* en tu vida, que funcionará como si fuera un rayo láser que contiene toda tu energía e inteligencia comprimida. Enfocarte es lo que te permitirá sacarles jugo a tus talentos y visualizar oportunidades. Tu mente te ayudará a tener una percepción selectiva. Te enfrentarás al mundo con mayor confianza sabiendo por qué haces lo que haces día con día. Te levantarás en las mañanas con ganas porque tienes un propósito que cumplir, que ya escribiste. Dejarás de consumir sólo por consumir, no actuarás con mente de microondas donde todo es rápido e inmediato, como tampoco trabajarás sólo porque hay que pagar deudas y correr porque de eso se trata. Si aplicas lo que te dije, todo se transformará en un propósito que justificará tu enorme esfuerzo, tu velocidad y los años de sacrificio.

Te invito a visualizar qué dirección quieres darle a tu vida para que te enfoques, ése es el secreto.

Pregúntate:

- ¿En qué está enfocada mi vida?
- ¿Qué busco con lo que estoy enfocado diariamente?
- ¿Sé a ciencia cierta hacia dónde dirijo mi vida?
- ¿Cuáles son las metas de mi vida? ¿Tengo un plan?
- ¿Cuánto tiempo invierto semanalmente en revisar mis metas?
- ¿Tengo escrita la visión de mi vida?

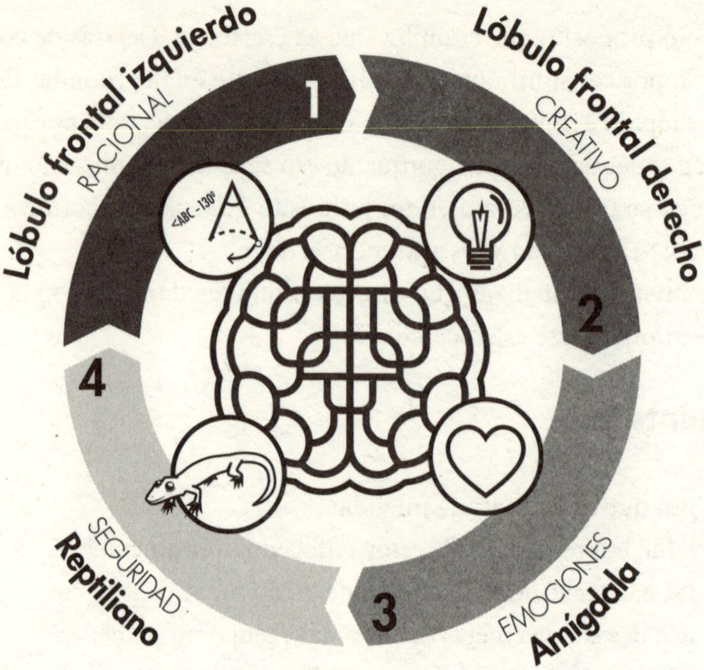

PREGÚNTALE A TU MENTE 14:

¿Mi escalera de éxito está apoyada en la pared correcta?

¿Cuál es el logro más grande que espero de mi vida?

¿En qué necesito bajar la velocidad y enfocarme?

¿Qué nueva dirección debe tomar mi vida?

¿Qué dice mi mente de mí? ¿Estoy realizado? ¿Soy feliz?

¿Mi vida ha valido la pena como la he vivido?

¿Qué es lo que más me disgusta de mí?

¿Me he sacrificado mucho y avanzado poco?

CONCLUSIÓN

¿De qué me doy cuenta al hacer un resumen de lo que respondí?

CAMBIO 14

¿Qué cambios haré a partir de hoy en mi vida?

____

____

____

____

Si deseas recibir estas preguntas en línea ve a:
https://borghino.mx/arriesgate

CAPÍTULO 15

MERECES CREAR RIQUEZA

Lo que los ricos saben acerca de la mente: "El miedo te lleva a la pobreza"

Independencia económica

"Pensarás como rico cuando transformes tu dinero en activos que produzcan dinero cuando duermes"

El propósito de este capítulo es que reflexionemos sobre los hábitos que tienes acerca de la creación de riqueza. Si hoy aún no has logrado lo que anhelas o no te sientes en la ruta del éxito financiero, significa que tus hábitos y creencias respecto al dinero van por un camino equivocado. Si deseas cambios en tu crecimiento económico necesitas revisar las raíces que te hacen tomar las decisiones que has tomado hasta hoy. Si logras cambiar los hábitos que te mostraré en este capítulo estoy seguro de que encontrarás el camino indicado para tu prosperidad, como tantos que han conseguido la suya. Recuerda que más rico es aquel cuyos placeres son más baratos.

El principio de independencia económica consiste en que el dinero trabaje para ti, y no sólo que tú trabajes para el dinero. La clave es que incorpores los hábitos del éxito financiero para que tu dinero también produzca dinero por el resto de tu vida. No olvides que fuimos educados a pensar que la única forma para conseguir dinero es a través del trabajo, pero en esta época en que existen tantos recursos para la generación de riqueza debes pensar que el dinero es un buen instrumento para que éste se multiplique. Sólo pensando así podrás lograr tu libertad financiera. La libertad significa que ya no dependas del dinero, sino que esté invertido y produzca lo suficiente para que tú puedas vivir cómodamente y te dediques a lo que más desees. Incluso a hacer más dinero, si así lo quieres.

También me he dado cuenta con el tiempo de que los problemas que tienen las personas con el dinero no necesariamente son producto de sus ingresos solamente, sino también de su incapacidad para administrarlo. En lugar de construir riqueza se concentran en consumir y gastar lo que producen. No tienen una mentalidad de ricos, sino de pobres consumidores de productos y servicios que no agregan valor, que jamás los harán ricos en el futuro.

Te invito entonces a que integres en tu mente el primer hábito de creación de riqueza que los ricos sí saben:

Primer hábito: tener dos ingresos mínimo el resto de tu vida

"La riqueza te permitirá decidir con mayor libertad cómo vivir tu vida"

Primer ingreso: Es el ingreso que proviene de tu salario, producto de tu trabajo; es el que sirve para tus gastos. Todas las personas en este mundo saben que su salario jamás las hará ricas, porque ése no es el propósito de un salario. Éste sólo tiene el propósito de cubrir tus necesidades para vivir o sobrevivir.

Segundo ingreso: Son ingresos generados por otro negocio que tengas, o inversiones que hayas hecho.

Como hice mención, con tu salario nunca te harás rico, pero con tu dinero juro que sí lo serás. La riqueza comienza con tus hábitos de ahorro y una mente centrada en la inversión, siempre con un asesor financiero a tu lado o un pariente que haya hecho dinero. No puedes esperar hacerte rico con un aumento de salario o con tu bono. No es con esto con lo que construirás tu maquinaria de la riqueza. Por el contrario, es el dinero que acumules, producto de tu trabajo, aquel que ahorras, inviertes o que proviene de un negocio, el que te llevará a la libertad financiera y a lograr tu riqueza con el tiempo.

Bill Gates dijo alguna vez: "Si naciste pobre no es tu culpa, pero si mueres pobre sí es tu culpa". Tienes que aprender a construir hábitos que te lleven al mundo de la riqueza. El problema en esta vida no es el dinero sino la falta de información que tienes de cómo se administra, cómo se invierte y cómo se puede vivir muy bien si es que te haces amigo de él. El dinero no hace rico a nadie. Es lo que tú estudias, sobre lo que te informas o cómo te asesoras lo que te llevará por el sendero de la riqueza. Un consejo: ten el resto de tu vida dos asesores financieros de cabecera que te ayuden a invertir tu dinero, así como tienes un médico de cabecera y un contador.

Segundo hábito: pensar como rico, no como pobre

"El 70% de las personas muere sin testamento"

Pregúntate si eres una persona rica o una persona pobre. La respuesta la tienes si haces la siguiente reflexión acerca de tu dinero. Respóndete lo siguiente:

1) ¿Cuánto ganas?, ¿Cuántos ingresos tienes al mes? ______________
2) ¿Cuánto gastas en promedio al mes? ______________
3) ¿Cuánto tienes ahorrado? ______________

4) ¿Cuánto tiempo podrías vivir si mañana ya no tuvieras ningún ingreso? ____________

La respuesta es: si no puedes vivir un promedio de dos años, significa que eres una persona saturada de deudas, que financias tu nivel de vida con dinero que no tienes, que te apalancas con créditos, tarjetas bancarias u otros instrumentos para vivir en un nivel que tu ingreso no te permite. La mayoría usa tarjetas de crédito para financiar lo que no puede solventar. Usas un dinero que no es tuyo, pagas mensualmente un promedio de 40% de interés por tu deuda de tarjeta, y si pagas el mínimo supera el 50%. Eso quiere decir que para mantener tu nivel de vida le pagas a alguien casi la mitad de tu esfuerzo diario. Te sacrificas toda tu vida para mantener con tu salario a alguien más, que desconoces. Ése es un pensamiento de pobre, pagarle a otro para vivir en un nivel que aún no tienes. Gastas más de lo que percibes y te financias con dinero que no es tuyo, pagando una tasa de interés para mantener a otros. En conclusión, tu riqueza está determinada por la cantidad de meses que puedes vivir sin tu salario. El tiempo es la dimensión de tu riqueza.

Tercer hábito: escapar del pensamiento de la pobreza

"Nos preocupamos por nuestra salud y por nuestro dinero cuando no lo tenemos"

1) **El pensamiento de pobre**: "Significa gastar más de lo que percibo".

Lo más sorprendente es que son gastos para adquirir cosas que no agregan valor alguno para tu futuro, cosas sin las que puedes vivir. Las compras porque te gustan, porque te lo mereces. Algunos dirán: "Para eso trabajo", o "Es para compensar todo el sacrificio que hago". Otros dirán: "No quiero ser el más rico del cementerio, quiero disfrutar el dinero". Todos éstos son mensajes emocionales, no pertenecen a la lógica, a la razón o a un pensamiento de rico. La pobreza aumenta cuando adquieres bienes que no crecerán ni te darán un rendimiento con el tiempo. Es decir, el dinero que te sobra, no se te ocurre invertirlo, lo gastas. Eso es vivir como pobre. Por ello no importa cuánto ganes, lo que importa es qué haces con el dinero que te sobra. Algunos dicen: "Dime qué haces después de las 6:00 p.m. y te diré cuánta riqueza tienes".

2) **El pensamiento de rico es simple**: "El dinero que me sobra se invierte".

Su mente le dice: "El dinero no se gasta, se invierte", ésa es su prioridad. Los ricos siempre tienen una relación de largo plazo con el dinero, a cinco o 10 años. Tienen una visión de su vida con dinero. Saben que el dinero se maneja con la razón, no con la emoción. "El dinero se invierte para que en el futuro éste me mantenga", dice el que piensa como rico. Por ello es que tiene hábitos a mediano y largo plazo. Busca más ingresos o ingresos alternos para invertir más, no para gastar más. Ellos no piensan en quincenas o meses. El dinero por principio no se maneja de esa manera. El dinero es un instrumento que se debe administrar mínimo en dimensiones de 12 meses. Por ejemplo, si ahorran algo, de inmediato piensan cuánto tendrán en los próximos 12 meses. Ésa es la mente de un rico, que seguramente será millonario con el tiempo. Un rico piensa en hacer trabajar mucho su dinero para vivir como quiera.

Paradigmas de la pobreza y de la riqueza

"El dinero es creado por ti, e impreso por una máquina"

FORMAS DE PENSAR:

1) **La gente rica piensa en ahorrar para invertir.**

La gente pobre piensa en ahorrar para gastar.

2) **La gente rica piensa en tener más riqueza.**
La gente pobre piensa en tener más ingresos.
3) **La gente rica hace trabajar mucho su dinero.**
La gente pobre trabaja mucho para hacer dinero.
4) **La gente rica piensa en la rentabilidad del dinero.**
La gente pobre piensa en el ingreso de su dinero.
5) **La gente rica administra con detalle su dinero.**
La gente pobre gasta sin control su dinero.
6) **La gente rica analiza y se reúne con ricos.**
La gente pobre envidia a los ricos y se aleja de ellos.
7) **La gente rica lee acerca del dinero y busca quien la asesore.**
La gente pobre no piensa en ello.

Quise listar sólo algunos de los parámetros de pensamiento de ricos y pobres para que tomes conciencia de que: "La riqueza es una forma de pensar". Está en tu mente. No tiene que ver con tu ingreso, sino qué hace tu mente con tu ingreso, qué hábitos te gobiernan, cómo lo administras, cómo lo inviertes, cómo piensas y cómo educas a tus hijos en relación con el dinero. Muchos padres gastan todo lo que no tienen en sus hijos en un fin de semana para darles ¡todo! Si un hijo escucha que sus padres dicen: "Me sobró dinero este mes, te voy a comprar tus tenis", ese niño integra en su mente que: "Cuando hay dinero hay que comprar". Eso afectará su mente el resto de sus días. Él comprende que el dinero ¡es para comprar, no para invertir! Si, por el contrario, esos padres le entregaran 500 pesos al niño y le dijeran: "Acompáñanos, vamos a abrir una cuenta", entonces lo educan a invertir en un banco su dinero. Su mente será educada de otra manera, tendrá el hábito de la riqueza integrado para siempre. Esa mentalidad le quedará registrada.

Cuarto hábito: piensa como millonario

"Las personas que piensan como ricas inventan nuevas formas de hacer dinero"

Si lo piensas detenidamente, la mayoría de la gente que vive como pobre lo que está haciendo es vivir como rica con dinero que no le pertenece, pagando intereses elevados, que nunca la llevarán a tener inversiones. Mi consejo es que no muerdas el anzuelo de pensar que vives como rico, porque en el fondo es un pensamiento de pobre. Vivir endeudado para enriquecer a otros no es una conducta racional de un rico.

Quiero comentarte sobre un estudio que se hizo ya hace algunos años acerca de cómo piensan las personas millonarias. Me gustaría que reflexionemos juntos este perfil de las personas que ya son millonarias y cuáles son sus prioridades.

El estudio arrojó los siguientes puntos:

1) Tienen una visión acerca del dinero

Los millonarios tienen un claro propósito con el dinero. Lo quieren para cumplir la visión que tienen en su vida. Ésa es su prioridad. Para ellos el dinero deja de ser el fin de su vida y se transforma en el medio para cumplir un fin predeterminado. Como dijo Steve Jobs: "Si tú no tienes un propósito en la vida terminarás trabajando para aquel que sí lo tiene". ¡Qué gran razón tenía este genio de los negocios! La visión que tengas de tu vida financiera será tu gran palanca para construir riqueza o vivir con carencias toda la vida.

2) Tienen disciplina administrativa

Los millonarios son personas ordenadas con el dinero. La razón es que ellos saben que deben respetar los años que invierten de sacrificio y trabajo. Es injusto que la mayoría de las personas en esta vida salga todas las mañanas a trabajar por algo que no sabe cómo se administra.

Eso es engañarse a uno mismo. Es ser injusto con tu vida. No puede ser que no te informes sobre cómo administrar el sacrificio de 30 o 40 años de una vida. Nunca más te lo permitas. Respeta tu vida y el sacrificio. Debes ser ordenado e informarte para ser disciplinado; documéntate. Los millonarios respetan su vida así como el producto de su esfuerzo diario, durante 30 o 40 años de vida productiva. Nunca más tengas desorden en el producto de tu sacrificio diario. No te lo gastes, ¡inviértelo!

3) Tienen metas claras

Los millonarios llegaron a serlo porque en sus inicios seguramente tomaron un cuaderno y todos los domingos hacían un plan de gastos de la semana. Si tienes una meta de gastos semanales tú sabes qué no puedes comprar, cuánto no puedes excederte y te controlas a ti mismo. Dejas de gastar por impulso, por emoción o porque te gustó algo y se te antojó. Eso ya no te lo puedes permitir. Deja de tener una mente de microondas en relación con tus gastos. Piensa como millonario y administra tu semana.

4) Gastan menos de lo que perciben

Éste es un principio universal de inteligencia financiera y de sentido común. Nunca he visto un millonario que todos los años se compre un auto último modelo, a pocos los veo hacerlo. La razón es que ellos saben que un automóvil nuevo, no bien lo sacas de una agencia, su valor disminuye en un 30%, mínimo. Ningún millonario desecha 30% de su dinero sólo por comprar un carro que huela a nuevo, eso es ilógico, es una decisión emocional. El dinero no se maneja con emociones. Se administra con la razón y el sentido común. Todos sabemos que si tienes un negocio y gastas más de lo que ingresa ¡quiebras! Mi pregunta es por qué casi 82% de las personas en el país paga el mínimo del saldo de sus tarjetas, y es porque no puede pagar el total de su adeudo, es decir, vive en quiebra técnica toda la vida. No es justo que las personas vivan sin dinero el resto de su vida, que vivan con dinero prestado pagando más de 40% de interés de una tarjeta de crédito. Ya no vivas como rico. Piensa como millonario y en poco tiempo tendrás una mejor vida y podrás pagar tus tarjetas con comodidad.

5) Enseñan a sus hijos a administrar el dinero

Los millonarios les enseñan desde muy jóvenes el valor del dinero, cómo se ahorra y cómo se invierte. Hablan con ellos acerca del dinero abiertamente.

He observado que en muchos hogares los hijos no saben cuánto ganan sus padres, otros desconocen a qué se dedican o qué hacen en su trabajo. También muchos, cuando hablan de dinero en casa y están sus hijos, bajan el tono de voz. Otros dicen: “Cuando se come no se habla de dinero”. El dinero tiene un tabú ancestral que en muchos hogares aún se mantiene. Te aconsejo que hables abiertamente de temas económicos con ellos para que comprendan a edad temprana qué es el dinero; más aún, te aconsejo que a partir de los seis años les enseñes los principios básicos de contabilidad. Un niño puede abrir una cuenta a partir de los seis años en cualquier banco. Pero si tiene padres que piensan como pobres, le dirán que ahorre para que se “compre” lo que quiera, no para que “lo invierta”.

Si educas a tus hijos por el camino de las deudas los condenarás a la pobreza. Terminarán una carrera y serán pobres toda su vida, aun con buenos ingresos y con un título. La riqueza necesita hábitos del principio de inversión en activos que produzcan dinero en el tiempo.

6) Invertir es su prioridad

Los millonarios tienen la peculiaridad de que saben qué quieren para su vida: “Quieren que el dinero los mantenga”, no un salario. Los pobres anhelan que sus hijos los mantengan. Eso no es lógico, ni pertenece a la inteligencia financiera. El 68% de las personas que se jubilan no vive en el nivel que pensaba o tiene que ser mantenido por sus parientes. Los millonarios tienen toda su vida en su mente, cuánto tendrán cuando cumplan los años de su retiro, planean su vida financiera. El dinero es parte de sus actividades diarias. Comprenden lo que es vivir pensando a largo plazo y no sólo a vivir a corto plazo y sobrevivir. Te invito a que pienses en este punto para cuando te retires. Llama a un asesor para que te informe; no te imagines, consulta, documéntate.

7) Piensan en su libertad financiera

Los millonarios tienen un plan con el dinero, y ese plan consiste en que el dinero los mantenga. Con esa idea en mente llega un momento en que su dinero está suficientemente bien invertido como para que éste pague sus gastos sin trabajar.

El resto de las personas que piensan como pobres o viven como ricos sin serlo, gastan el dinero en cosas y antojos, que no les agregan ingresos en el futuro. Imagina por un instante que tuvieras el dinero suficiente para vivir como quieres el resto de tus días. Ése sería un propósito extraordinario para tu vida. No necesitas mucho, sólo el nivel económico que tú decidas. No requieres millones de dólares, sólo una mente millonaria toda tu vida, eso es todo.

Te invito a que reflexiones acerca de estos siete puntos que te acabo de describir del pensamiento millonario. Piensa como millonario invirtiendo en activos y serás una persona realizada y podrás vivir la vida que siempre anhelaste, libre del dinero, sin depender de él, sólo porque lo planeaste.

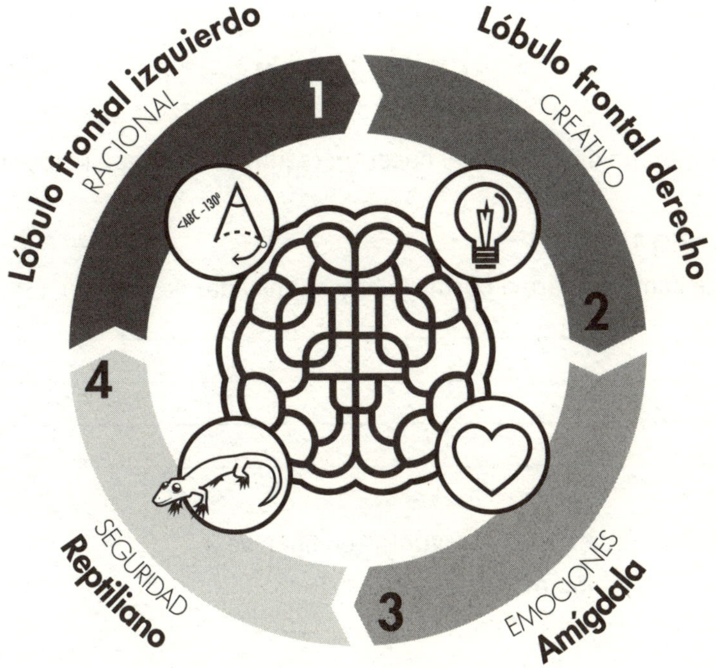

PREGÚNTALE A TU MENTE 15:

¿He desarrollado hábitos que me llevan a la riqueza?
¿Sé controlar mi dinero o él me controla a mí?

¿Cómo visualizo mi vida económica si continúo como hoy?
¿Qué hábitos necesito cambiar de inmediato relacionados con el dinero?

¿Qué es lo que más me molesta de mi actitud respecto al dinero?
¿Cuál es mi visión con el dinero en los próximos dos años?

¿Cuáles son los temores que tengo referentes al dinero?
¿Tengo un asesor que me oriente con mi dinero?

CONCLUSIÓN

¿De qué me doy cuenta al hacer un resumen de lo que respondí?

CAMBIO 15

¿Qué cambios haré a partir de hoy en mi vida?

____

____

____

____

Si deseas recibir estas preguntas en línea ve a:
https://borghino.mx/arriesgate

CAPÍTULO 16

TU LIBERTAD FINANCIERA

"El placer más grande es no depender del dinero"

Odio mi trabajo, pero no puedo renunciar

"Para ser rico hay que perder el miedo a perder"

La mayoría de las personas que entrevisto me dicen que desean vivir de otra manera, que su trabajo no les gusta, sienten que no han avanzado en su vida, siempre ganan lo mismo y cada día tienen que vivir más limitadas. La pregunta natural es: "¿Por qué no renuncias?", "¿Por qué no buscas un nuevo trabajo?". Muchas argumentan que demoran mucho antes de encontrar uno nuevo, que no saben si es mejor que el anterior. Les digo entonces: "¿Por qué no abres tu propio negocio?". En ambos casos, la razón es el temor de no tener ingresos en un corto tiempo, y otras no se animan porque no saben cómo se abre un negocio. Pero qué será más dañino para tu vida: ¿renunciar a tu empleo o renunciar a tu visión de vida, a tus anhelos, a tu ambición? Aquellos que viven de un trabajo que odian son personas que literalmente son desempleadas, aunque tengan un trabajo. Estas personas que tienen miedo nunca en su vida podrán saber quiénes son, qué talentos tienen, pues no forjan su futuro. Sólo han sobrevivido dependiendo de otros, de que les garanticen el mes.

Las personas que odian su trabajo y no renuncian es porque tienen una definición equivocada acerca del dinero. Ellas sólo piensan en un ingreso, no en el proyecto que quieren para su vida. No tienen visión o un plan para construir riqueza, sólo trabajan para pagar sus cuentas. Así sobreviven, mes tras mes durante muchos años. Están más centradas en ganar dinero que en construir su riqueza personal. No piensan como ricos. No tienen un propósito definido de qué quieren lograr con su vida financiera. Se han dedicado a sobrevivir. Por ello no pueden planear, sólo trabajan.

Una investigación que hizo el INEGI arrojó que 87% de las personas se sienten insatisfechas con su trabajo. Sólo 17% se sienten bien. Imagínate el nivel de frustración de su vida. Piensa por un instante qué mente les van a dejar a sus hijos. Qué hábitos de pensamiento tendrán los hijos de estas personas que tienen miedo y viven frustradas porque nunca se han puesto a definir un plan.

Recuerda que la riqueza no tiene que ver con tu sueldo, sino con tus hábitos con el dinero y con el proyecto financiero que tienes para tu vida. El objetivo no es sólo trabajar para sobrevivir. Al dinero lo único que le importa es cuán inteligente eres con él. Si no lo eres actuarás como pobre porque no tendrás la sensibilidad de qué hacer con él.

La mayoría de las personas no tiene una visión de lo que quiere hacer con su vida, y menos en el área financiera. Por lo tanto, deambulan por la vida pasando de un trabajo a otro sólo para pagar cuentas y tarjetas de crédito, sin acumular riqueza. Ven la vida económica como una carga.

Vivir toda tu vida en un trabajo que no te aporta nada no te permite crecer. Arriésgate, paga el precio del éxito económico y sé un triunfador para que puedas tener y disfrutar de todo lo que la vida te ofrece. Para ello debes prepararte y estudiar para saber cómo se acumula, se administra y se invierte el dinero. De lo contrario quédate con tu empleo aunque no te guste. Si no te preparas no te arriesgues inútilmente.

Sé un emprendedor dentro de tu empresa

"Nadie se hace rico a menos que haga ricos a otros"

Si eres empleado, no esperes que te incrementen el salario, ten iniciativa, sé un emprendedor dentro de la empresa y hazla triunfar o al área donde trabajas.

Te aconsejo:

1) **Estudia para hacer crecer tu área de trabajo.** Infórmate, documéntate. No pienses como muchos: "Para qué, si no me subirán el sueldo, nunca me lo reconocerán". Lleva tu trabajo a un nivel superior, no esperes un reconocimiento inmediato. Lo que importa es construir en tu mente la actitud de ser siempre el mejor.

Pide consejos a grandes ejecutivos y triunfadores en tu empresa y en otras. Busca la solución a los problemas de tu trabajo, mejóralo aunque no te lo pidan. Sé proactivo y resuelve. No te quedes sólo trabajando y pensando que haciendo bien tu trabajo te van a recompensar. Eso es una utopía, así no se crece. Tienes que hacer crecer el negocio, el área donde te encuentras y eso creará una atracción y finalmente llamarás la atención.

2) **Mejora tu trabajo.** No sólo trabajes mucho, sino mejora tu desempeño. No seas eficiente: sé un genio en lo que haces. Estudia todo el tiempo, transfórmate en un experto. La educación en internet es gratuita, úsala para ser mejor.

3) **Te aconsejo que busques tener ingresos alternos fuera de tu empleo.** El internet es una buena herramienta para iniciar tu propio

negocio, incluso puedes comenzar asesorando en lo que tú eres especialista. También comprando y vendiendo productos en línea. Investiga cómo debes comenzar.

El dinero cada día vale menos

"No importa cuánto dinero ganas, sino cuánto dinero inviertes"

El dinero ya no tiene valor y menos en un banco. La razón por la cual los ricos son cada día más ricos es porque ellos saben que el dinero no vale, pero sí saben que los productos cada día valen más y son más caros. Entonces invierten su dinero en productos o servicios y los comercializan. Los pobres no invierten en productos para ganar más dinero, sólo compran productos para su uso, no para venderlos, argumentando que su salario no les alcanza para comprar más cosas.

Por ello te aconsejo:

1) **Aprende a ahorrar.** Ya hablamos mucho de este punto, pero te lo recuerdo.
2) **Aprende a invertir.** Ten un asesor financiero. Asesórate con los expertos, tú no tienes por qué saber acerca de ello, pero debes rodearte de aquellos que sí saben. Si tienes parientes o amigos ricos pídeles opiniones y consejos.
3) **Haz un plan B.** Abre un negocio y manéjalo en horas libres y fines de semana. No renuncies a tu trabajo para abrirlo. Primero hazlo crecer mientras trabajas. Con el tiempo ese negocio irá creciendo, tú también irás aprendiendo y llegará el día en que estarás listo para dar el gran salto y puedas triunfar con el negocio.

Recuerda que al dinero no le importa cuánto ganas, sino cuán inteligente eres con él. ¿Eres listo usándolo o sólo lo gastas en antojos? ¿Te llenas de tarjetas para pagar compras compulsivas o las usas para invertir en productos que revenderás para ganar más en el fin de semana?

Te aconsejo que si verdaderamente quieres hacer mucho dinero en esta vida, abras tu propio negocio. Como empleado no lograrás acumular suficiente dinero, porque tu salario crece según la inflación o si te dan un ascenso, pero eres cautivo en el pago del cien por ciento de impuestos, no puedes deducir nada.

Debes ser una persona que quiera ser independiente, libre y tener su propio tiempo, que quiera acumular dinero e invertirlo para hacer crecer su negocio. Ésa es la forma de hacer dinero en esta vida. Para ello debes estudiar varios años antes de abrirlo. Nunca abras un negocio porque estés harto de tu trabajo, porque tienes dinero para abrir uno o porque no quieres depender de un jefe. Primero estudia varios años y luego arriésgate y busca tu triunfo siendo tu propio jefe.

Entrena tu mente para la riqueza

"Las personas con libertad económica son más felices que las que no se protegen"

Al igual que un deportista entrena sus músculos, necesitas entrenar tu mente financiera. Debes tener mucha pasión en la vida. Necesitas desarrollar el músculo del espíritu de la ambición económica. Cada mañana debes salir con la idea de que estás trabajando para tu proyecto económico. Por ello, no salgas de tu casa si no revisas tus metas de vida que ya te enseñé en capítulos anteriores. Tu vida será otra cuando asumas la responsabilidad de lo que haces y cuando sepas que sales para construir tu proyecto; no salgas sólo a trabajar. Debes estar listo para la pelea. No negocies con tu mente, no titubees, escápate del temor, de la incertidumbre emocional que ella produce. No escuches a tus miedos y lánzate al vacío. Sólo actúa y ve resolviendo los problemas en la medida en que surgen. Debes ser un constructor de riqueza. No sólo un consumidor compulsivo de productos en centros comerciales, de ésos hay muchos en este mundo. Ésa es la razón por la cual la mayoría no triunfa financieramente en esta vida. Mejor págate a ti mismo por haber trabajado cada mes y ahorra ese pago. A ese dinero llámalo el "intocable".

Cómo piensa tu mente

Si en tu inconsciente tienes grabados patrones históricos de pobreza y te dejas dominar por ellos, nada de lo que aprendas en este capítulo podrá llevarte a la riqueza. Por más que luches, poco cambiará tu realidad económica. De manera inconsciente, mucha gente desconoce que internamente está programada para la pobreza. Un ejemplo de ello son los que han ganado la lotería. Las evidencias han demostrado por años que sin importar el monto que hayan ganado, al final terminan perdiendo todo y quedándose en el nivel que tenían antes de ganarla, porque ése es el nivel económico en el que se sienten cómodos, ahí está instalada su mente de pobreza bien grabada.

Por otro lado, a las personas que han acumulado riqueza con esfuerzo les sucede exactamente lo contrario. Cuando pierden su dinero lo recuperan en un tiempo muy corto y muchos duplican lo que antes tenían antes de perderlo todo. ¿Por qué sucede esto? Porque tienen el patrón de riqueza instalado en su mente desde jóvenes.

Lo que aprendiste en tu juventud ha grabado un mensaje que impacta tus pensamientos, sentimientos y decisiones en relación con el dinero. Debes considerar que la vida es un juego y debe ser para ganar, no para perder. Recuerda que si no estás conforme con tus resultados financieros, algún temor tienes grabado en tu mente que debes cambiar.

Analiza si tienes temor a la incertidumbre y al riesgo. En capítulos anteriores te hablé de la importancia que tiene que salgas cada mañana habiendo leído tus metas, para que enfrentes el día con una mente clara y definida, y en la noche hagas una revisión de tu día para que puedas ir midiendo tu desempeño. Esto también lo tienes que hacer con tus planes con el dinero. Este rito de lectura le enviará un mensaje poderoso a tu subconsciente, que es el que gobierna tu vida. Si puedes hacerlo en voz alta frente a un espejo, tendrá más impacto en tu mente y podrás elevar tu nivel de conciencia, que te llenará de energía y dirección en todo lo que hagas. Este rito reacondicionará tus pensamientos cada día.

La gente rica juega al juego del dinero para ganar.
La gente pobre juega al juego del dinero para gastar.

También descubrirás que tu forma de pensar referente al dinero fue influida en tu pasado y que no naciste con ella. De este modo estarás listo para poder cambiarla al comprender que ese pensamiento fue adquirido en tu familia, y por ser aprendida es posible cambiarla. Eso te hará ser una persona consciente de ti, te situará en el presente. Listo para emprender tu proyecto con el dinero.

Aprende a dominar en ti dos mentes:
Una que controla lo que eres hoy.
Otra en lo que te quieres convertir.

Para ello debes tener un plan de respaldo económico de por vida. La planeación es clave para ser en lo que te quieres convertir. Si quieres jugar el juego del dinero debes concentrarte en tus metas y en tu propósito, pero debes iniciar tu proyecto lo antes posible. No es lo mismo iniciar tu riqueza a los 20 que a los 40 años; cuanto antes, más acumularás. Recuerda que la buena vida es cara, pero no te aconsejo la barata porque es muy aburrida. No necesitas ser un genio para hacer dinero, pero sí debes entender cómo funciona y enfocarte en ello, eso te pondrá en el camino. El asunto no es sólo trabajar duro sino más inteligentemente.

Con el dinero debes ser inteligente y trabajador, pues la ausencia de uno de los dos te dejará tirado en el camino sin lograr tu proyecto.

Cuando aprendas a invertir dinero para ganar más, estarás en los inicios de la construcción de tu maquinaria de creación de riqueza. Para ello debes estudiar, rodearte de gente que sabe hacer dinero o rodearte de dos buenos asesores por el resto de tu vida. Podrás entonces escaparte de la mentalidad de pobre. La gente que piensa como pobre siempre espera que haya un golpe de suerte para hacer dinero, espera que su jefe, su empresa, la lotería, el gobierno cambien para que los beneficie. Jamás pienses así. Ése no es el camino. Tú obtienes en lo que te enfocas, porque ahí pondrás toda tu energía e inteligencia natural. Por ello es tan trascendente tener un proyecto para tu riqueza personal y estudiar por muchos años.

Recuerda la percepción selectiva, de la que te hablé en otro capítulo, como el profundo secreto del éxito. Te pido que visualices tu objetivo económico, piensa en abundancia y siente el éxito en tus manos como si ya lo tuvieras en tu bolsillo, vive como si ya fuera una realidad para que puedas centrar tus decisiones y desarrollar tu inteligencia financiera. Con ello crearás rutinas inteligentes alrededor del dinero. Pensarás en grande, invertirás en tus talentos para construir riqueza y te rodearás de gente que ha triunfado. Finalmente, invierte tiempo para transformarte. No sólo pienses, ¡actúa, capacítate!

Creando hábitos de riqueza

"Si eres prisionero de tus emociones serás una víctima más de los créditos mal manejados"

1) Inicia tu día con mente triunfadora.

Medita, haz ejercicio, yoga, reza, lee aquello que te cultive el alma al levantarte. Invierte una hora leyendo tus metas económicas antes de salir de casa.

2) Organiza tus rutinas de trabajo.

Debes ser ordenado, cultiva la disciplina y el cumplimiento con objetivos. Define el plan del día y sus prioridades durante 20 minutos.

3) Construye varias fuentes de ingresos.

Rodéate de gente valiosa para delegar y formar equipos de trabajo en los que puedas confiar. Ten varios negocios en los que no tengas que trabajar, sino sólo dirigir. Diversifica tus ingresos, aun si estás empleado en una empresa.

4) Define tu plan financiero y por qué lo quieres.

Define los pasos que quieres dar en tus finanzas. Define prioridades, pon fechas y hazlo trabajar. Haz un plan a cinco y 10 años. Pide orientación a un asesor financiero.

5) Aprende a elegir gente con la que trabajes.

Si tienes un negocio, elige bien a tus socios y empleados. Forma equipos de trabajo y entrénalos. Invierte en tu gente para que tenga buen nivel de desempeño.

6) Crea tus rutinas acerca del dinero.

Crea costumbres que ayuden a tu dinero. Haz un plan de gastos, ahorros, e inversiones. Registra tus gastos con la familia.

7) Incorpora hábitos de riqueza.

Los hábitos siempre te llevarán a la riqueza. Ten actitudes correctas y sé positivo con tus proyectos. Rodéate de personas ricas e intercambia ideas, escúchalas.

8) Invierte en tus talentos.

Escucha audios, ve videos todo el tiempo, participa en cursos, lee libros, ten varios asesores financieros que te eduquen en el mundo del dinero. Aprende los principios del dinero. Viaja por el país y el mundo observando negocios de éxito y analízalos.

9) Educa a tus hijos en los principios de cómo se genera el dinero.

Los hijos no son buenos para escuchar, pero son buenos para imitar, así que muéstrales lo que haces, invítalos a reuniones, cursos, acércales información de cómo se construye un negocio. Estimúlalos a que tengan invertido su dinero, abre una cuenta de banco para ellos. Enséñales contabilidad a muy temprana edad.

10) Invierte tus excedentes en activos durante toda tu vida.

Compra departamentos o casas, incluso para remodelar. Adquiere bienes siempre. Invierte en instrumentos financieros. Asesórate con expertos en inversión. Abre negocios para tener diversificados tus ingresos.

11) Construye un negocio en línea.

No importa en qué trabajes hoy, debes aprender a vivir del mundo digital. Construye un negocio de venta en línea. Asesórate para ello, estudia a expertos que te digan cómo se tiene éxito en ello. En todo el mundo existen muy buenos cursos para vender en línea.

12) El miedo te empobrece.

Vigila si tienes temor o inseguridad con el dinero. Es muy común ver personas que no quieren asumir riesgos porque tienen miedo a perder el poco dinero que ahorraron, porque no saben de inversiones o qué hacer con el dinero que les sobra. Mira, yo aprendí que cuando uno desconoce es bueno buscar gente que sepa y te asesore por el resto de tus días en este mundo, en el que tú aún no vives. Tú sólo trabajas duro y acumulas, en el mejor de los casos. Necesitas rodearte de gente que sabe y la confianza la recuperas con el tiempo.

13) **Ayuda a otros.**

Aprende a regresar lo que percibes de dinero. Ayuda a otros, apoya a gente que lo necesite, preferentemente niños. Y eso se te regresará siete veces a cambio.

Dime cómo piensas y te diré quién eres con el dinero

"Dime qué haces con tu dinero cuando sales de tu trabajo y te diré si serás rico"

La forma en que construimos nuestro mundo es cómo lo vemos. Por eso cuando pensamos como pobres, le damos forma a la pobreza y no a la riqueza, y es eso lo que atraemos inconscientemente.

Quiero cerrar este capítulo comentándote una entrevista que le hicieron a Henry Ford, después de que había construido su imperio.

El periodista le hizo las siguientes preguntas, a las cuales Henry Ford respondió:

1) **¿Desde cuándo creyó que sería rico?**

Desde que era joven y dormía en los bancos de un parque.

2) **¿Cuál fue el mejor día de su vida?**

El día que me echaron de un taller mecánico, porque no creían en mi idea de un motor V8 y luego lo hice yo en mi propio taller.

3) **¿Qué haría usted si perdiera todo su dinero y quedara en la ruina?**

Volver a empezar de nuevo, porque yo ya sé cómo se hace el dinero.

Si lo analizas con detenimiento, puedes concluir que la primera pregunta fue la clave de su éxito. Él se veía rico desde que era pobre y dormía en los bancos de las plazas. Su mente siempre pensó como tal, aunque no tenía un centavo en el bolsillo. La pobreza es una forma de pensar y estar pobre sólo significa que no tienes dinero temporalmente. Pero no eres pobre. Por ello, piensa nuevamente cómo fuiste educado. Es fundamental que tomes conciencia para que tu mente te libere de la pobreza. Para el mundo de las finanzas, cuando maduras, ya no importa si pierdes tu riqueza, ya que sabes cómo se hace el dinero. Eso se aprende y éste es el propósito de este libro.

Para crear riqueza debes quitar cualquier vestigio histórico asociado con la falta de dinero de tu infancia. De lo contrario, construirás pobreza anhelando la riqueza. Será difícil salir de esa frustración de la mentira.

De esa forma construirás todos tus anhelos de riqueza, tal como lo hizo Henry Ford.

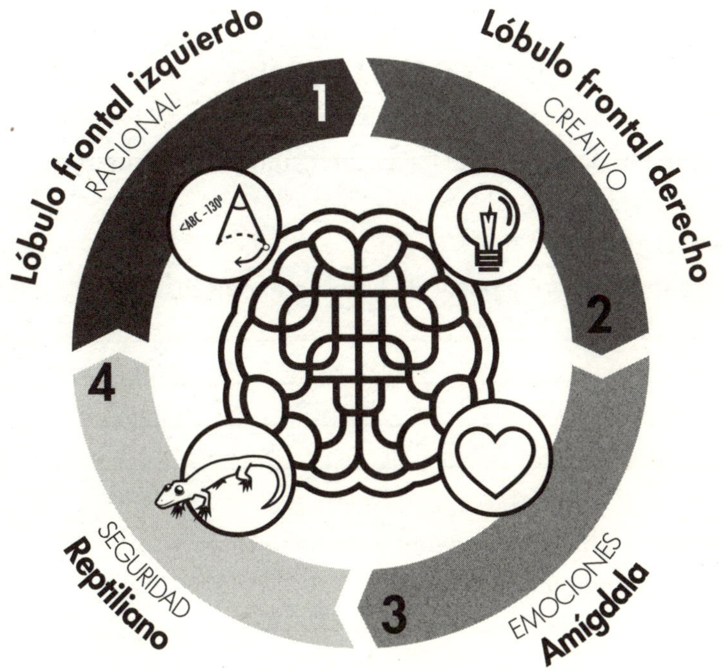

PREGÚNTALE A TU MENTE 16:

¿Tengo un proyecto de vida financiera, o sólo trabajo?

¿Soy una persona disciplinada con mis gastos?

¿Quiero trabajar para una empresa o tener mi negocio?

¿Qué otros ingresos adicionales desarrollaré?

¿Qué haría si ganara un millón de dólares en efectivo?

¿Qué inseguridad no me deja acumular riqueza?

¿Qué necesito saber acerca del dinero?

¿En qué aspecto referente al dinero pienso como pobre?

CONCLUSIÓN

¿De qué me doy cuenta al hacer un resumen de lo que respondí?

CAMBIO 16

¿Qué cambios haré a partir de hoy con el dinero?

____

____

____

____

Si deseas recibir estas preguntas en línea ve a:
https://borghino.mx/arriesgate

Conclusiones

Vive tu vida de una vez por todas
El aprendizaje es la experiencia, todo lo
demás es información.
ALBERT EINSTEIN

En esta etapa final quiero confesarte que la forma de concebir una mente de riesgo y valentía es poniendo mucha acción a tus pensamientos. Cuando actúas, tu mente comienza a creer en las evidencias, y, así, consistentemente la vas reeducando. La experiencia de las batallas es la que fortalece al soldado. Existir sin riesgos es una vida sin mucho valor. Con esa actitud de riesgo es como las personas exitosas consolidan su carácter triunfador y doblegan sus viejos hábitos. Son brutalmente arriesgadas, se la juegan todo el tiempo. Se lanzan hacia el abismo de la oportunidad, lleno de incertidumbre.

Así se construye porque tu vida no es sólo un acto de definición intelectual, ella necesita hechos, de lo contrario únicamente acumularás deseos. De esa manera reinventarás el programa que trae hoy tu mente. Quedarte en la zona de confort, repitiendo todo lo que ha sucedido en tu vida o en tu niñez, te sumerge en el lodo de la inmovilidad. Debes reescribir un nuevo guion para la película de tu vida, necesitas cambiar el argumento de cómo piensa tu mente. No olvides que tú eres el productor, el guionista y la estrella principal de esa película. Estás obligado a que tenga un buen final.

El secreto es que finalmente te arriesgues a reinventarte teniendo nuevos proyectos (pon nuevos tiburones en tu vida) arriesgando tu futuro, sólo así se triunfa. Comprométete a ¡erradicar postergaciones, deseos sin acción! La medicina ha comprobado con tomografías computarizadas que el cerebro puesto en acción crea nuevas interconexiones neuronales. Eso significa que cada día serás más inteligente; cuantas más conexiones tengas, más inteligente serás. Las mamás hacen esto todo el tiempo llevando a sus bebés a estimulación temprana. Lo que ahí hacen es que a través de ejercicios el bebé incrementa sus interconexiones y se vuelve más listo. Éste es el principio con que opera la mente. El día que así actúes avanzarás y te dirás: "¡No pensé que podía hacer lo que logré!", "¡Nunca pensé que llegaría adonde estoy!", "¡Si no me hubiera arriesgado no tendría lo que tengo!". Cuando definas tu proyecto de vida debes hacerlo pensando en el aquí y ahora, en el presente, porque es el único recurso del que dispones. Si te invaden los miedos, la mente te llenará de mensajes ambiguos que no te dejarán actuar. ¡Combátelos!

Tu nueva forma de vivir

"Vive en el presente porque en él estarás toda tu vida"

Los humanos no somos muy buenos para mantenernos enfocados en el presente por mucho tiempo, somos extraños, de inmediato nos surgen emociones de recuerdos o incertidumbres del futuro que nos hacen dudar. Si tomas conciencia de esto que te estoy diciendo, descubrirás que el mundo no está de cabeza, el problema es que tu mente piensa al revés. *Tu pasado nunca será igual a tu futuro, a menos que tú te quedes estancado viviendo en él.* Si no te liberas del pasado, ¿con qué mano agarrarás el futuro?

El mundo no está de cabeza, el problema es que tu mente piensa al revés.

Tú eres el único ser vivo que existe capaz de ver dentro de ti y descubrir de dónde vienen pensamientos tóxicos que no te dejan avanzar. Por ello, te invito nuevamente a que integres en tu vida la meditación, mucho ejercicio, la reflexión, yoga, ir a retiros que calmen tu mente o escribas tus metas para que te alejen del ruido del pasado. Invierte tiempo en ti, no sólo enfoques toda tu energía en el mundo exterior.

El éxito eres tú, eres el ser inteligente que toma sus decisiones. El mundo es para ti un medio, es el recurso con que cuentas para que a través de él construyas tu vida y cumplas tus promesas. Si te convences de esto, el poder que hay en ti comenzará a surgir y operar a favor de tu proyecto de vida. Dice Prem Rawat, extraordinario pensador hindú: "Si vives un promedio de 72 años, tendrás 25 550 días para descubrir quién eres y vivir feliz". Él pregunta: "¿Es mucho o poco vivir 25 550 días?". ¿Tú qué opinas? Con que sólo un día descubras tu felicidad, habrá valido la pena vivir.

"Los dos días más importantes de tu vida son el día que naces y el día que descubres por qué."
Mark Twain

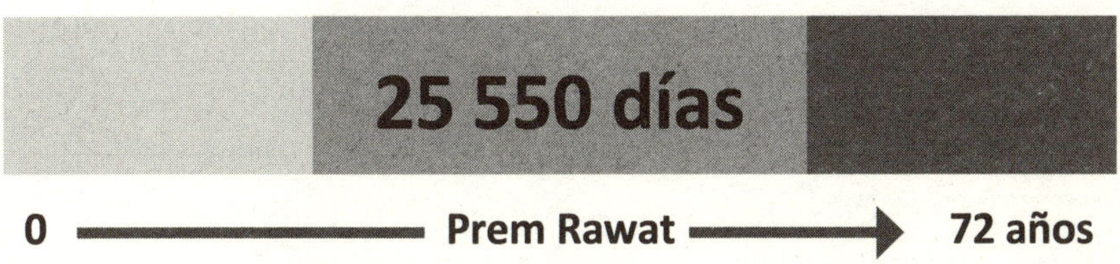

Descubre un día de felicidad para siempre

Los filósofos griegos y chinos han dicho desde hace más de 2 000 años que el ser humano tiene la necesidad intrínseca de trascender, alcanzar la paz y existir en un elevado nivel de satisfacción personal.

Esa necesidad surge de nuestra transitoriedad física. Como vamos a morir, dicen, necesitamos algo que le dé un sentido a la vida mientras existimos. Si fuéramos más conscientes de que podemos partir en cualquier momento, seguramente viviríamos el presente con más intensidad. Reiríamos más, apreciaríamos más la naturaleza, abrazaríamos más a quienes amamos, estaríamos más tiempo con los amigos, valoraríamos más nuestra existencia. Tendríamos conciencia de que cada día más es un día menos. Que cuando festejan tu cumpleaños festejan el año que ya no tienes. Entonces abrazarías el presente con intensidad, porque se transforma en el recurso más maravilloso del que disponemos para vivir en plenitud y felicidad. Entonces, el escritor Eckhart Tolle tenía razón con su libro *El poder del ahora*.

No esperes despertar y descubrir que no tienes más tiempo para hacer lo que soñabas. Te pido que actúes, el momento es ahora.

Decía el Dalái Lama: "Muchos viven como si nunca fueran a morir y mueren como si nunca hubieran vivido".

Llegó el momento de que te renueves, te reinventes y dejes ya de vivir sólo del recuerdo del pasado o con la incertidumbre del futuro, dejando tu persona en segundo plano. Si deseas ser feliz y vivir en paz necesitas estar consciente de tu temporalidad, porque dejarías de preocuparte por tonterías, no te estresarías por el tráfico en las calles, dejarías de enojarte por trivialidades, abrazarías más a tus hijos y amarías más a tu pareja, cumplirías con tus metas porque eso es lo que tienes en tus manos para tu proyecto personal. Pero vivimos como si fuéramos a vivir para siempre, postergando cosas, creyendo que el tiempo nunca se acaba, o que algún día las cosas se darán.

Para finalizar, te dejo con una analogía: el águila, que es un animal longevo, vive 70 años, pero a los 40 años el tiempo ha debilitado sus alas, sus garras ya no son fuertes y su pico puntiagudo se ha ido encorvando y no puede casi comer, pero tampoco puede cazar sin garras

afiladas. Entonces, la vida la pone en una encrucijada, tiene que tomar una decisión.

Debe aceptar morir de hambre o decidir suicidarse. Frecuentemente se ven dejándose caer en picada. Pero si el águila decide continuar con su vida, necesita asumir un riesgo que nunca ha tomado. Éste será subir con mucho esfuerzo a una roca muy alta y hacer un nido para evitar a los depredadores, ya que necesita iniciar su proceso de renovación, comenzando con su pico, el cual rompe contra una piedra y luego espera a que le crezca nuevamente. Con su nuevo pico ya crecido, entonces arrancará sus viejas garras una por una, que es un proceso muy doloroso, y esperará también a que le crezcan. Luego continuará arrancándose las plumas de sus alas y también debe esperar a que le crezcan nuevamente. Este proceso le toma 150 dolorosos días. Habiendo hecho esta renovación podrá vivir otros 30 años más fortalecida.

Al igual que al águila, la vida nos pone a prueba a nosotros también, y tú debes decidir si deseas renovarte o no. Llegó la hora de que seas feliz y triunfes. La vida te puso para eso. Por ello te interesaste en este libro y leíste hasta este último capítulo.

El propósito de este libro es alentarte a que te ¡ARRIESGUES! a encontrar el nuevo camino, y que al igual que el águila te renueves y te reinventes para tener la vida que siempre has anhelado. Es hora de que liberes el enorme potencial con el que naciste, que está esperando a que lo dejes actuar. En el libro te he dado pistas de cómo cambiar, pero te toca a ti ahora hacer el trabajo duro; deberás renovarte y entonces disfrutar de tus logros y vivir feliz como siempre has anhelado.

¡Te deseo muy buena suerte en tu vida! y que actúes libre de ataduras para disfrutar la paz y elevarte lo más alto que puedas en la vida.

¡ARRIÉSGATE!, no te tardes, jamás te arrepentirás.

Si deseas una conferencia sobre el contenido de este libro, comunícate a

Borghino Consultores, S.C.
mario@borghino.com.mx
Tel. 5534 1925
www.borghino.mx

RESUMEN DE CAMBIOS DE LOS 16 CAPÍTULOS

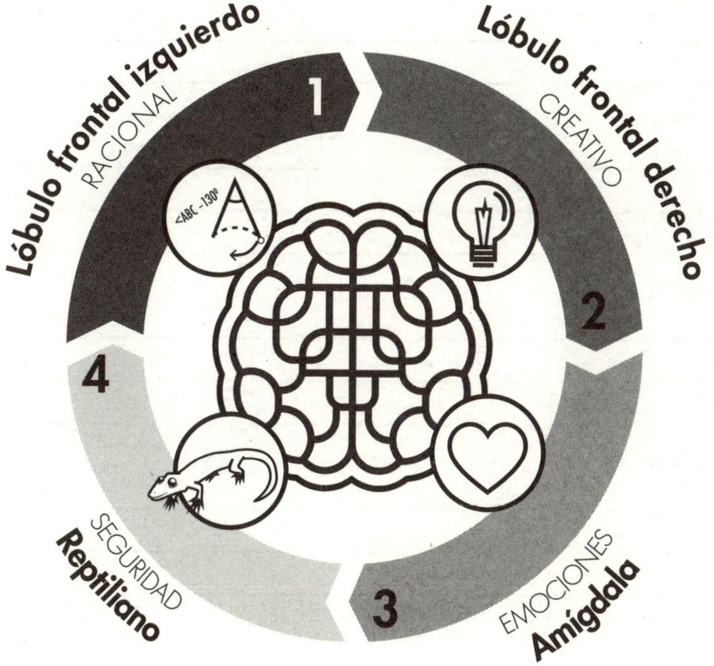

Te invito a que escribas los cambios que mencionaste en cada capítulo con el propósito de hacer una recapitulación y concluyas en un plan de acción.

Mucha suerte y pregúntale a tu mente.

CAMBIO 1

____

____

____

CAMBIO 2

____

____

____

CAMBIO 3

CAMBIO 4

CAMBIO 5

CAMBIO 6

CAMBIO 7

CAMBIO 8

CAMBIO 9

CAMBIO 10

CAMBIO 11

___

___

___

CAMBIO 12

___

___

___

CAMBIO 13

___

___

___

CAMBIO 14

___

___

___

CAMBIO 15

___

___

___

CAMBIO 16

___

___

___

Me comprometo a realizar los siguientes cambios en mi vida:

___

___

___

Si deseas hacer un comentario o pregunta sobre el contenido de este libro escríbeme a mario@borghino.com.mx.

¡Arriésgate! de Mario Borghino
se terminó de imprimir en diciembre de 2019
en los talleres de
Impresora y Editora Infagon, S.A. de C.V.
en Escobillería número 3, Colonia Paseos de Churubusco,
Ciudad de México, C.P. 09030